エクストリーム大家

THE EXTREME LANDLOAD

春川賢太郎 著

JN061350

LYCHEE BOOKS

CONTENTS

プロローグ◉なぜエクストリーム大家になったのか……007
エクストリーム大家とはいったい何なのか
西成で入居者を〝スカウト〟していた母
亡き母の葬儀に弔問に来た元入居者たち

第1章◉エクストリーム大家は究極の不動産投資……019
なぜあえて「ワケありな人たち」に貸すのか
教科書通りの方法ではまったく儲からない
「綺麗な部屋は落ち着かない」汚くてもニーズはある！
入居者も大喜び!? 安上がりにクロスを張り替える方法
リフォームよりも「電子レンジ設置」を喜ぶ入居者
ワケありな人たちが浴室を使用しない理由
ノーリフォームのボロ戸建てを借りた女性の正体
「乱交パーティ物件」の意外な結末
「大家直契約」「保証人不要」なら家賃が割高でも借りていく

第2章 ◉ 常識が通用しない客付けテクニック……061
不動産会社に客付けを依頼してはいけない
公務員に部屋を貸してはみたものの
エクストリーム大家ならではの客付け黄金コース
もっともキャラの濃い入居者と出会える町の掲示板
ネットの客付けで家賃滞納リスクが減る
逮捕されてしまったワケあり会社員の「罪状」
入居者釈放後に勃発した近隣住民とのバトル
濃いキャラの入居者と出会えるNPO経由の紹介
役所に足を運んで入居者が決まることもある
生活保護を受給する「予定者」を入居させる
第3章 ◉ 入居者たちとのヤバくて熱い日々……111
高学歴で身なりの良いシングルマザーが訪ねてきた！
クスリで逮捕歴のあるシングルマザーの場合

大家や周辺住民から攻撃されていたワケ
バックレたシングルマザーと連帯保証人の対応
意外だった連帯保証人からの申し出
全国を転々とする生活保護受給者との交流
何かにつけて大家に奢ってくれる入居者
「終の棲家」を探すおばあちゃん
クレームでマウントを取りたがる入居者の心理
ワケありな人たちはやたら大家と会いたがる
「最高裁まで争う！」と言った有名企業勤務のエリート氏

第4章◉規制対象に!? エクストリーム大家の行方 …… 167

住宅セーフティネット法とエクストリーム大家
零細エクストリーム大家は締め出される運命なのか
綺麗ごとしか言わない検察庁のお役人とのバトル
「耐震基準は満たされていますか?」望ましくない大家に認定

セミナーはすべて検察庁と行政による「芝居」だった
耐震基準は公平性を装うための道具に過ぎない⁉
お墨付きを得られなかった大家と入居者はどうなるのか

エピローグ ◉ それでもエクストリーム大家は生き残る …… 195

なぜヤクザは小学生だった私にドロップを渡したのか
そして今日も警察から電話があった
連絡が取れない！ 行方をくらました入居者
家宅捜索に立ち会ってわかった入居者の本当の経歴
社会的規範や法律を超越した生き方を理解する
発達障害という視点から入居者を考えてみる
コンペイトウを目指すかドロップのままでいるか

カバーデザイン……佐藤遥子
本文デザイン・DTP……山本真比庫（山本図案工房）
校正……小出美由規
執筆協力……植栗美恵（わん企画）

本書に登場する人物の属性・年齢・職業や、紹介している事件や事象などはプライバシーを考慮し一部内容を変更しています。

プロローグ

Prologue

なぜ エクストリーム大家に なったのか

エクストリーム大家とはいったい何なのか

エクストリーム大家――これこそが究極のビジネスだ。本業はもちろん、副業にも資産運用にもなりうる。そして社会貢献もできる。

そもそも、この「エクストリーム大家」なる言葉は大勢の読者の皆様にとって耳慣れない言葉だろう。本書におけるその意味はズバリ、カード破産者や元ヤクザ関係者、前科者に元受刑囚、そして生活保護受給者……といった人たちを専門とする大家業のことだ。

社会ではまだまだ、こうした人たちはなかなか家を借りにくいのが現状だ。

たとえば刑務所帰りや生活保護受給者といった、ある一線を振り切って越えている人たちは行政の庇護の対象となる。

だが、なんらかの事情でその行政の庇護の網にかからない、もしくはかかることをよしとしない人も世の中にはいるものだ。家族(実質的には「元家族」といった趣きが正鵠を射ているのだが)などの身寄りがいない場合、当然保証人も立てられず保証会社からも門前払いを食わされてしまう。そんな人たちだ。

そうした、いわばグレーゾーンに位置する彼、彼女らにもきちんと部屋を提供する。それがエクストリーム大家なのだ。

私は今、このエクストリーム大家の仕事に誇りを持ち、もっと大勢の人に、この仕事というか生業(なりわい)に興味を持ってもらいたいと心から願っている。
人間誰しも、住む家がない、もしくは住む場所が整っていなければ、心がすさむものだ。
自称・元ヤクザで刑務所帰りだという、うちの入居者のひとりはこう言った。

「借り物でも自分の城があるというのはええねぇ」

とうに70歳を超え、過去に諸々のワケありの彼が、これから意気揚々と社会に打って出よう、ということは現実的に考えにくい。身寄りもない彼にとって、私が所有する〝かつてのニュータウン〟と呼ばれる昭和の団地の一室、これが終の棲家になるはずだ。
また別の物件（これも先の例と同じくかつてニュータウンだった場所に位置する昭和の団地だが）に入居している元ホステスを自称する70歳超の女性はこう言った。

「もし、家賃の振り込みを1か月飛ばして、2週間連絡なかったら、遠慮なく家に踏み込んでや！」

そのココロは、「孤独死しているかもしれないから」である。
下は19歳にして金融信用情報ブラックという貧困青年。上は79歳の自称・元ヤクザまで。約8世帯のちょっとばかり世間と折り合いがつけられなかった面々と過ごすエクストリーム大家は、単なる不動産賃貸業者ではなく、福祉事業家、教育者としての側面も併せ持つ。

もっとも私の法人はその業こそNPO的ではあっても一般の合同会社だ。利益を追求しなければならない。不動産賃貸業での利益とは利回りだ。これは平たく言えば、いくらカネをかけた家でどれくらいの家賃を得ているかだろう。

その詳細は、既に不動産投資を扱う指南書やネット記事に出回っているのでそちらに譲るとして、ここではより実践的な話に終始したいと思う。

たとえば月額家賃5万円を得たいとしよう。3000万円の築5年程度の中古マンションを購入。内装、水道、トイレといった水回りすべてをリフォーム。アクセスも駅から程近い。これなら不動産賃貸業に疎いズブの素人大家でも客、すなわち入居者は簡単に付くはずだ。

だが月に5万円を得るために、そんな物件を買う意味はあるだろうか。3000万円にプラス内装費（とくに水回りはカネがかかる。100万円くらいで済めばいいほう）などを加えると合計3300万円ほどかかってしまう。とはいえ、綺麗で住み心地のいいマンションなら、まず客を引っ張れるはずだ。ただし、収益性は低い。

それよりむしろ売買価格が激安の100万円台で、水回りなど昭和のままといった趣きの小汚い物件――これで家賃5万円だとすれば、どちらのほうが収益性は高いか。誰でもわかるだろう。

これが世にいう「利回り」である。

収益性のよいエクストリーム大家を、なぜ世の人は生業としないのか。本格的にこのビジネスを始めてから15年目の私にとっては不思議でならない。

さらに大家というのはあまり外に出ない。せいぜい物件の清掃やトラブルがあった際の対応だけだ。そのトラブルとて、そうそうあるわけではない。見る人が見れば、「暇な職業」と言えよう。本業としても成り立つし副業にも打ってつけなのだ。

そして何より入居者本人はもとより、ときに行政からも感謝される。ひいては社会からも喜ばれる。

これほど素晴らしい職業というか生業は、そうそうないのではないか。

西成で入居者を〝スカウト〟していた母

そもそも私がエクストリーム大家となったのは、今は亡き母の影響だ。

私の本業は自称・作家、ジャーナリスト。時折、著者としてメディアから取材を受けたり、テレビやラジオでコメンテーターとして偉そうに振る舞っているものの、その収入は不安定で、いつも財布の中はカネを持っているように見せるため千円札ばかり。

たまに華やかな場に出ると、「俺はいくら払わされるのか」と心配し、年がら年中、出版元からの印税や原稿料の振り込み日を気にする売れないライターだ。

金勘定に疎く、ネタさえあれば面白おかしく読者に伝える――ジャーナリスト気取りで、小汚い私服姿であちこち取材に出ては、取材対象者からネタを引き出し、それを原稿に反映するという、20～30代の頃は毎日がお祭り騒ぎのような業界気質に酔っていた。

そんなマスコミ業界の風に当たって、調子に乗りまくっていた時期のこと。母はこう私に忠告した。

「あなたもお金のことを少しは考えなさい。安くてもいいから家を買うの。それを人に貸すの。貸した家の収入でまた家を買うの。それを繰り返すのよ」

売れないライターの私が、いくつかの作品を世に出し、業界にうっすらと根を張りだした頃の話である。

アパレル業界でフリーランスの立場で仕事をしていた母が、浮き沈みの激しい業界で生き残れたのは、やはり副業の存在が大きいと言った。

なかでも不動産は、とにかく雨露凌げる家があればそれを手に入れ、貸すだけでいい、そうすると収入が安定すると何度も母は言ったのだ。

「どんなにお金がない人でも家に住むでしょ？　家賃が払えない人は行政が肩代わりしてくれるでしょ？　だから家なの。どんな家でも人は住むものよ」

ある日、こう私に語る母の話を聞くにつけ、ふと、子どもの頃のとある日を思い出した。

あれは私が小学校5年くらいのときだったか。通称・釜ヶ崎、大阪市西成にかつてあった「あいりんセンター」付近に、母と一緒に赴いたことがある。

茶目っ気のあった母は行政関係者か新聞記者を装い、今でいうところのホームレスに男性、女性問わずとにかく目が合った人たちに、気さくに声を掛けた。

その際、いわゆる世間話をしてそこそこ盛り上がったところで、こう切り出すのだ。


「もしよかったら、雨露凌げる家に引っ越ししてみいへん？　人生やり直しましょうよ。私、なんとかしてあげる！　お姉さんに任せて‼」


今思うとかなり怖いことをしていた母である。ワケありの西成ホームレスでも当時、そう声を掛けてくるまだ30代前半の女性のことを不思議に思っただろう。

若さゆえの無茶と元気。そこに触発された年配のホームレス男性が、コクッと頷き、「うん」と言葉を発した。

そうなるともう母の掌の上に乗ったようなものだ。

あらかじめ借りていたレンタカーの軽トラックの荷台に乗せて走る。そして母所有の物件近くの銭湯で垢落としさせ、用意していた古着ながらも小綺麗な服を着せる。並行して電話で行政に連絡。生活保護受給の手続きを取らせる――現代でいうところのＮＰＯ、貧困ビジネスの走りといったところか。

母はこうして何人か入居させ、個人事業主の立場で大家業を営んでいた。この安定収入が、本業を営むうえで大いに役立ったことは言うまでもない。

その真似をしろと母は言った。

だが、それまで経済記者として数多の原稿を書いてきた私は、不動産は「負動産」。むしろ株やＦＸといった金融商品のほうがはるかに稼げると息巻いていた。

あまりにも母がうるさいからしぶしぶといった感じで、関西の郊外の団地1室を購入してみた。ここにとあるＮＰＯからの紹介で生活保護受給者を入居させたのが、エクストリーム大家としてのキャリアの始まりだった。

亡き母の葬儀に弔問に来た元入居者たち

２０１８年に入ってすぐ、それまであまり体調を崩したことのなかった母が、珍しく不調を訴えて入院した。そんな日々がしばらく続き、一度は退院したものの2月に再び入院。そして6月に入ったある日、母は私を呼び寄せてこう言った。

「今回はもう私、ダメかなと思う。あなたはちゃんと経済的にやっていけるのかな。それ

と店子（入居者）さんたち……大丈夫かな？　もしものときは、あなたは強いから、あの人たちのことお願いね」

この遺言から数日して、母は息を引き取った。69歳になったばかりだった。

ひとり息子である私は、悲しみに浸る間を与えられなかった。家族の葬儀を経験した人ならわかるだろうが、まずやることがとても多く忙しいのだ。葬儀社の手配、通夜の準備、周囲への連絡、手続き諸々といったところである。

亡くなったその日、通夜の場には母の弟（叔父）夫妻、仕事の関係者といった近しい人に連絡を取った。その近しい人のなかには母が「店子さん」と呼んでいた入居者や元入居者もいた。亡き母の手帳を頼りに声を掛ける。

ただ昼間の時間帯ということもあり、直接電話での通話がかなわず、メールやＦＡＸ、なかには伝言という人もいた。

とはいえ、所詮というか、そもそも大家と入居者、商売人と顧客の関係である。ときには入居者から「大家さん、遊びに来て」と鯨肉のすき焼きを振る舞われたことや、「お好み焼きを焼いたから遊びに来てくれ」と言われることもあったが、その人たちがかつての大家が亡くなったからという理由で通夜の席に来てくれるかどうか。大家の子としては、正直、あまり当てにしていないところもあった。

「あほっ！　なんで死んだんや！　わしよりも早う逝くておかしいやないか！！」

喪主として通夜の席で来客対応していた私は、こう大声で叫びながら母の棺にすがりついて泣く70代の年配と思われる作業服姿の男性に目を見張った。

このとき、私は肉親の死のショックとこれを受け入れたくないという心理から、真っ白のカジュアルシャツを腕まくりでタックアウト、カーキグリーンのチノパンにスニーカーという普段着、ラフな格好だった。

この男性に葬儀社の担当が私を紹介しようと声掛けする。

「息子さんです」

声掛けされた男性は、私の姿を見るなり大声で叫ぶように言う。

「そやな、なんかの間違いやな。喪服なんか着せへんで！」

こんなやり取りをしていたとき、今度は、私と年の変わらない50代の見覚えのある女性が通夜の席に入るなり走って亡き母の棺へと向かう。そして言うのだ。

「なんで姉さん、死んだんや！　これからホンマのお友達になれると思うたのに……」

こうした元入居者はこの後3人もやってきた。ひとりを除いて、香典などなしというのが「らしいな」とは思う。

通夜の席の寿司などのご馳走目当てだと後で言う口さがない人もいた。

「これ、もう姉さんの跡を継がなあかんのとちゃう？」

滅多に人の進路やカネ絡みの話をしない、母方の叔父が私に言う。

単純素朴に、亡き母のような「エクストリーム大家」になりたいと思った。

この日を境に母が所有していた物件を実質的に相続した。それは同時に、本格的なエクストリーム大家としての生活が始まることを意味していた。

そんな大家としての酸いも甘いも含めた日常を、これから綴ってみたい。

第1章

Chapter 1

エクストリーム大家は究極の不動産投資

なぜあえて「ワケありな人たち」に貸すのか

ビジネスでの勝ち——それは高い利益を出す、すなわち儲けることに尽きる。

投資のなかでも、とりわけ不動産投資は購入した物件から賃料収入を得る、もしくは購入した物件を転売し、その売却益を得るという仕組みだ。

この不動産投資で勝つポイントは安く物件を買い、高い賃料収入を得る。それだけだ。

もっとも、賃料収入といっても生活保護受給者が入居者であれば、行政から出る家賃扶助額は決まっている。その額はひとり世帯なら概ね約4万円である。ふたり、3人世帯と世帯人数が増えればこの額は増えていく。政令指定都市である兵庫県神戸市を例に取ると、ひとり世帯4万円、ふたり世帯4万8000円、3～5人世帯で5万2000円だ(2023年1月時点)。

エクストリーム大家は収益の天井額が決まっているビジネスである。だから効率性の良くない投資だと言う人がいるのも頷けよう。

たしかに世の中には、もっと効率良く儲ける方法がある。FXや株、先物投資しかり。

それに不動産といえば高い買い物である。今でも生涯に一度の買い物と捉えている人は数多い。私と同年代、現在50代の人たちに聞いても、やれ「7000万円のマンションをローンで買った」「4000万円のローンを組んで郊外の戸建てを買った」「ローンの支払いがキツいので妻の実家から借金した」などなどの声を聞く。

それでも不動産投資は、いつの時代でも深く静かに人気がある。

それは不動産という商品が持つ、ある種の手堅さゆえだろう。乱暴な物言いだが、数ある投資のうち株やＦＸであれば、失敗したなら有り金すべてを失う。だが不動産なら、最悪の場合でも不動産は残るからだ。

時代を超えて不動産人気が廃れないのは、およそこうした理由ではないだろうか。

不動産投資を行うとき、売買益でキャピタルゲインを狙うのか、それとも大家業、すなわち人に家を貸すのか。その立ち位置を問わず、やはり誰しも「損をしたくない」「着実に収益を出したい」と思うのが人情だろう。

すると勢い、綺麗で設備の整った高額の不動産が欲しいと思うものだ。

そうした考え方で仮に３０００万円の不動産物件を購入したとする。そしてこれを賃貸に出す。入居者は生活保護受給者のひとり世帯だ。賃料収入は、先の神戸市を例に取ると４万円である。

毎月４万円を得るために３０００万円を費やすという計算だ。

他方、昨今ではボロ家や再建築不可物件など激安価格で不動産物件を手に入れるというトレンドもある。地方のみならず都心でも、その額数十万から２００万円程度の激安物件が売買されていることも珍しくはない。インターネット上では『０円物件』なる専門の不動産サイトまであるくらいだ。

この激安不動産の急増は、いわゆる団塊世代の相続が進み空き家が急激に増えたことによる。そして空き家の所有者自身、これをどう扱っていいのかわからず持て余しているのが現状なのだ。売るに売れず、貸すに貸せず。結局、買い手を募って叩き売る、もしくは無償譲渡することになる。

近年、社会問題になっている「空き家問題」だ。

不動産物件が無償で手に入れられる。この空き家を手に入れて（登記費用、リフォーム費用などは考えないものとする）、不動産投資や大家業を行ったとしよう。

その物件で、毎月賃料を確実に支払える生活保護受給者、それも4人世帯に貸したならば、極端な話、元手0円で毎月5万2000円の賃料収入が得られることになる（家賃扶助額は神戸市の例）。

エクストリーム大家にとって、とくに生活保護受給者に家を貸す場合、ここがポイントとなる。

先に例として挙げた3000万円の不動産物件を購入し、ひとり世帯に貸し出して毎月4万円を得るのか。それとも0円物件を生活保護受給者の4人世帯に貸して、毎月5万2000円を得るか。また、いかにしてリフォーム費や、客付けのための宣伝費をかけないか。そして、そんな家にどうやって入居者を住まわせるか。一般の大家とは違い、「無から有」を生み出す知恵を絞らなければならない。利回りは自分で作るものなのだ。

よく利回りが高いか、低いかが不動産投資におけるキモだと巷に溢れる不動産指南書では詳説されている。そうした利回りの計算方法や考え方はそれらの本に譲ろう。本書では、あくまでも生活保護受給者や刑務所帰りといったワケありな人たちを対象とした不動産賃貸業の経験を皆様にお伝えしたい。

さて、ここまで読んで、読者の皆様のなかには、なぜ入居者を生活保護受給者中心に貸しているのかという疑問に思われた向きもあるだろう。

これはひとえに「確実に家賃を支払える人」だからだ。

たしかに公務員や一部上場企業勤務とまではいかなくても、金融信用情報を見ても何ら問題のない、お堅い勤め人は世の中にはごまんといる。

そんな人たちのほうが、もしかしたら家賃も割高にできるかもしれないし、入居時には敷金や礼金、保証金といった名目で数か月分の現金をもらえる。大家心理としては安心という側面もある。

しかし、ここで借り手・入居者の立ち位置に立って考えてほしい。

駅からのアクセスがいい、環境抜群、綺麗、使い勝手が良し……などなどの不動産賃貸で確実に「売れる」物件であることは当たり前。これがどこまで求めやすい価格か。すなわち家賃が安いかだ。また借りてからも支払っていけるかという問題もある。

それにどんな入居者であれ、より良い条件の物件があればいつでも引っ越していく。折角、入居してもすぐに出ていけば、またハウスクリーニングも必要だ。今の時代ならシャワートイレを新品のものに交換するなど、費用も嵩む。

一般的な入居者はそうしたところにうるさい。対して、「生活保護受給者」「刑務所帰り」

「金融ブラック」といった人たちはその点、理解がある。なかでも生活保護受給者は、その後ろに行政がついている。生活保護受給者本人に不動産を貸すのではなく、行政と取引していると思えば、貸し手としてもさほど心理的抵抗はないのではなかろうか。

かつて、エクストリーム大家を副業としていた亡き母に訊いたことがある。

「あの人たち（生活保護受給者や刑務所帰りといった人たち）に貸して、家賃払ってくれるの？」

当時、小学生だった私に母は諭すようにこう言った。

「ああいう人たちだからこそ、必ず払ってくれるものよ。家は誰だって住むものでしょう」

そして、彼らの属性について、それぞれこう付け加えた。

「生活保護受給者の方はね、お役所からお金が出るの。そのお金を家賃として支払わなければ生活保護費、つまりはお給料ね。それが止められることもあるのよ。だから確実に払ってくれるわ」

刑務所帰りの人のうち、生活保護受給を受けていない人については、こう言った。

「いろいろあった人だからこそ家は必要なのよ。住所と言ったほうがいいかな。実際にそこに住むかどうかはおいておいて……。誰もお外で寝たいとは思わないでしょ？」

金融ブラックについては、母なりの考え方はこうだ。

「お金でいろいろあった人だからこそ、借りている家でも失いたくないものよ。だから確実に払ってくれるの」

もちろん、すべてが母の思惑通りではなかっただろう。だが、概ねこうした入居者たちは、いわゆるホワイト入居者と比べても遜色のないほど、着実に家賃を支払うものなのだ。貸して損な相手では決してない。

教科書通りの方法ではまったく儲からない

もっとも、そのためには大家側が時間と手間をかけなければならないという現実もまたある。大家の側が黙っていれば、「絶対に家賃など払わない」という入居者も少なからずいるからだ。そうした入居者は、本人のプライドを傷つけないよう、最大限配慮を払いつつ入金を催促する。これも大家の仕事である。

すなわち、利回りとは、他人に作ってもらうものではなく自分で作るものなのだ。

不動産投資とは家を買って人に貸すことだ。それだけで問題なく家賃が入り、何年か入居の末、円満に退去する。そして新たな入居者を迎え、その際には敷金や礼金、保証金といったお金が大家の元に入ってくる。そこだけを見れば、入居者を問わず、大家業とはなんと楽な商売だろうと思うかもしれない。

しかし、世の中に楽な商売などあり得ない。

たしかに、巷で出回っている数ある不動産指南書や成功した大家のインタビュー記事を紐解くと、利回りを重視して物件を購入し、不動産会社に客付けしてもらう。無事、入居者が決まればその物件を担保に金融機関から融資を引いて、さらに新規物件を購入していく……という典型的な不動産投資成功の黄金ルートが記されてある。

だから、不動産投資や大家業といえば「利回り」「客付け」「再投資」といったところばかりに目が向きがちだ。

もちろんそれも間違いではない。だが、お堅い勤め人を客層とする大家でも、その実、表に出せないような苦労はしているはずである。やれ給湯器が壊れた、やれキッチンの調子がよくないといったクレームから思わぬ出費を強いられたり、早期退去をちらつかせ、家賃減額交渉に応じさせられたりというケースも耳にする。

そうして考えるとエクストリーム大家は、見方次第では、実にシステマティックな商売といえる。爆発的に大儲けはできないものの客付けと、日頃から入居者とのコミュニケーションさえきちんと取れていれば、大きなトラブルになることはないからだ。

他の大家同様、エクストリーム大家業でも客付けは重要な業務だ。

とはいえお堅い勤め人相手の大家業と違い、エクストリーム大家の場合、正直、客付けではさほど苦労しない。今の時代、ネットやそれこそツイッターをはじめとするＳＮＳ、『ジモティー』といったサイトを利用すれば、その日のうちに問い合わせが来るからだ。

あくまでも私の経験則だが、これらサイトに掲載し、その日のうちに3件以上問い合わせが来た場合、1週間以内に入居者が決まることが多い。2週間待って決まる兆しが見えないならば、それはかなり厳しい客付けを強いられることになる。

もっとも、それだけ魅力のない部屋ならば、ごく一般の勤め人やお堅い人などはまず入居することはないだろう。家賃を大幅に下げたところで、そもそも入りたくないと思う物件にわざわざ入居する人は少ない。

仮に家賃を下げて入居者が決まったとしても、それは不動産投資としては失敗だ。対してエクストリーム大家では、多少癖のある人が入居者となるが、客付けの段階で失敗することはあまりない。やってくる人誰もが「この人に家を貸したくない」と思われる人ばかりである。客付けに困ろうはずもない。

とはいえ、私が大家業に真剣に取り組むようになった頃、本業であるライターの仕事があまりにも忙しく、この客付けを他人任せ、丸投げしようと町の不動産会社の門を叩いたことがある。その際、「弊社はいわゆる生活保護受給者、刑務所帰り、金融事故経験者を対象として……」と言葉を発したところ、当時の私よりも、やや年配の不動産業者は、こう切り返してきた。

「そういう方でも、今の時代お部屋は選びますからね……」

この不動産業者によると入居者の属性を問わず、新たに家探しをする際に選ばれる基準は、ひとえに世間様でいうところの「綺麗なお宅」だという。もちろん外も中も、である。パッと誰が見ても、どこから見ても、清潔で洒落た内外装を施し、キッチン、トイレといった水回りも新品か、もしくはそれに近い新しいモノ。

それで広くて家賃がリーズナブルとなれば、さほど時間を置かずして入居者は決まるというのだ。正しい。実に正論だ。だが、これだと大家業は儲からない。

こうした教科書通りの正統派なやり方で「綺麗なお宅」を提供すれば、すぐに入居者が決まる。当然だ。

入居者がいるから家賃収入が入る。だから安心する。やはり不動産投資とは安定していて堅い。毎月、決まった収入がある……と、ついつい大家としては安心してしまう。

しかし、考えてみてほしい。

真っ当な職業に就くサラリーマン相手だろうが、ワケありな人たち相手だろうが、人に貸すための家を買い、それに内外装を綺麗に施すなどなどの大掛かりなリフォームを行ったとしよう。

トイレは便器を新品に。令和の時代だ、シャワートイレは当然必要だ。風呂も新品にする。賃貸住宅では追い焚き機能がないところが多い。だから追い焚き機能もつけてあげよう。きっと入居者は喜んでくれるはずだ。

キッチンはビルトインにしたほうが、これも入居者は喜ぶだろう。コンロが外付けだと入居者がコンロを買うことになる。それなら大家側が負担しビルトイン式のコンロなら、掃除も楽だろう。だったらビルトイン式のコンロもつけてあげたい……。

こうした大家はたしかに入居者ウケする。結果、酷い目に遭う。

まず水回り関連のリフォームの場合、極めて大ざっぱな物言いだがキッチンだとその費用は１００万円程度。トイレだと30万円くらいか。それにクロスの張替えだ。10畳のＬＤＫ、８畳、６畳、６畳程度の55㎡くらいの住戸のクロス張替えの相場は50万円ほどだろうか。床も張り替えるとなると、畳や木材フローリングよりもリーズナブルといわれるクッションフロアを用いたとしてもざっと50万円は見ておきたいところだ。

かなりざっくりとした試算だが、大家デビューを決め、激安物件として不動産屋のチラシに出ていた１００万円台の不動産物件を購入。リフォームを行う。上記すべて行わないにせよ、その際の費用は最低でも１５０万円はかかるだろう。

もっとも、確実に入居者を入れる、客付けに自信が持てる物件にするにはそれだけでは済まない。給湯器やシャワートイレ、クロス張り替え、カビ対策……、あれやこれやとつけていくと優に250万円程度かかるとみていいだろう。

不動産投資でかかる費用は、概ね「物件購入費」「固定資産税などの税金」「リフォーム費」だ。

巷にある不動産投資指南書では、大家デビューするならこれら諸費用を前もってトータルで考えろと記してある。それを踏まえて利回りを考えろという。これも極めて正しい考え方であり、正論だ。

だが、それでは大家、とりわけエクストリーム大家をする意味がない。ズバリ、利が出ないからである。

「綺麗な部屋は落ち着かない」汚くてもニーズはある!

大家業に真剣に打ち込むと決めた際、私はある入居者に「大家である自分に何でも思うところを言ってほしい」と忌憚のない意見を求めた。

その入居者の属性は、自称「元・絶縁されたヤクザ」だった。その実像は、かなり昔に暴力団に連なる兄貴分にくっついていたチンピラに過ぎない。この兄貴分の財布から小遣い銭をくすねていたことがバレて逃げ回って数十年……という本物のヤクザやその道の人からすれば、とても仲間内に入っていないようなお爺さんだ。

だが、今でもヤクザ世界への憧れがあるのか「兄貴」「アニィ」と呼ばれると喜ぶ。そんな愛すべきお年寄りである。そのアニィは言う。

「ええか、ワイらはな、えげつのお綺麗な部屋なんかよう使わんし必要ないねん。なんや落ち着かんさけえの。それより雨漏りせん、タバコ吸える、駅（繁華街の意味）から近いところやったらそれでええねん。どうせ外泊ばっかりやしな！」

とはいえ、そこそこ綺麗であることに越したことはない。

しかし、ごく普通に暮らすホワイトカラーのサラリーマン世帯ならいざ知らず、うちのようなエクストリーム大家の顧客対象であるグレーゾーンに位置する人たちならば、さほど部屋の綺麗さを求めていないのだ。

部屋のクロスを張り替えたとしても、どうせタバコのヤニだらけになる。床のカーペットもタバコで吸い焦げがつく。トイレも入居中、一度も掃除などしないという者も珍しくはない。実際、このアニィもこう言うのだ。

「トイレは水洗便所やったらそれでええよ」

どこのタバコ屋で買ってきたのかと思うような、安い国産タバコをふかしつつ、ワンカップの日本酒を呷りながら、アニィは住環境へのリクエストについて、忌憚のない意見を語ってくれる。

彼の吐く息からは、安タバコと日本酒の入り混じった匂いがした。

過去、私が扱った住居にも、同じ匂いが強烈に染みついていたことをふと思い出す。

「入るときに、部屋がサラッピ（新品の意味）やったら、それはそれでええけどもや。どうせ汚すしの。雨露凌げて、布団の上で寝られたら、それでええねん」

さらに語るアニィによると、過去にいくつかNPOの世話になり何軒もの家で暮らしてきたという。だが、大家が気を遣ってクロスと床を張り替え、ヤニ取りなどしていても毎日タバコと酒で暮らす。だからリフォームの意味などないと言うのだ。

「気ぃ遣ってくれるんは嬉しいよ。それやったら安くてもええから壁紙を張り替えるだけでええんちゃう。絨毯もそんな高級品やったらタバコ焦がせられへん。焦がして後でカネせびられても（請求されても）かなわんしの」

彼が私に力説する。

たしかにその通りだ。このアニィはタバコと酒の匂いだけでまだマシなほうだ。初期の認知症を患ったと思われる70代女性入居者の場合、クロス一面に油性マジックインキとペンキで呪文のような宗教用語やお経を描かれたことがあった。訊けばこう言う。

「下に住んでる人から、呪いを掛けられてるから……」

いずれにしてもエクストリーム大家においては、リフォームにカネをかける必要はないということだ。最低限押さえておくべきポイントは、入居時にそこそこ見た目が綺麗な状態で、汚してもすぐに張り替えられるモノというところだろう。

入居者も大喜び⁉ 安上がりにクロスを張り替える方法

では、エクストリーム大家が施す最低限のリフォームとは何か。

今の時代、その客付けはネットだと述べた。もちろん行政やＮＰＯへの直当たりもあるが、その際でも資料として物件室内外の写真は見せる。

写真映えする箇所はリフォームの必要がある。

とはいえ、本格的なリフォームの必要はまったくない。気にすべきは、第一印象で「綺麗」と見せられるかどうか、そこだけなのだ。

誰しも部屋を選ぶ際、まず気になるのは清潔感だろう。部屋のクロス（壁紙）と床、これは絶対にリフォームをしておく。否、「リフォームをかけたように見せなければならない」というのがポイントだ。

プロの職人を呼んでクロスを張り替え、ハウスクリーニングを施したとしても、それはワケありな入居者のニーズに応えていない。

それでも「リフォームしたように見せかける」ための手段として、私が行っているのは、ペンキですべて塗装することだ。素人塗装ではあるが写真に撮って見ると案外、「映える」ものである。ヤニ、カビの臭いも消臭できる。一挙両得だ。

もうひとつの手は、「英字新聞」をクロス代わりに用いることである。

過去、何人かの入居者がペンキでクロスや天井ほぼ全面に落書きをし、そのまま退去したものだ。このままではとても次の入居者を迎えられない。どうしたものかと思案にあぐねていたところ、ふと、思い出した話があった。

かつてとあるバーで、クロスを張り替えるおカネがなかった。そこで苦肉の策で英字新聞を店内に貼り付けた。すると客からはオシャレだと言われ、たちまちバーは評判となったという――。

実際に英字新聞を壁や天井に張り付けると新聞のインクの臭いが気になる。だが、これにより古い家屋の臭いがかき消されるのだ。2、3日もすると見事に取れていく。

「すごい、洒落たお宅ですね――」

ＮＰＯを通して紹介してもらった入居を検討しているという40代女性は、この「英字新聞部屋」を見るなり、こう言って喜んでくれた。同時に、こんな質問を大家である私に投げかけてきた。

「あたしが壁に絵を描いてもいいですか？」

もちろんウェルカムだ。落書きでもアートでもメモ書きでもなんでもいい。所詮は英字新聞、新聞紙である。１か月ほど購読すれば約50㎡の４ＤＫの昭和の団地の一室くらいは十分賄えよう。

ただ、この英字新聞をクロスに用いる際、キッチンではガスコンロ付近、天井では照明器具周辺は火災へと繋がる可能性もあるので、そのあたりは重々気をつけてほしい。

床はどうか。これもクロス同様に綺麗に見せることに注力する。

職人を呼んで本格的なリフォームを施さなくとも、今の時代はホームセンターというものがある。そうしたところで大家自身がいいと思うものを購入すればいい。

ここで大事なのは、大家自身が「この家に自分も住んでみたいと思えるか」だ。

どんな商売でも収益性は大事だ。エクストリーム大家は極論すれば、いかに設備費各種を安価に抑え、家賃を得るかというビジネスである。だからといって、「自分が住めない」ような家を提供しては客が付かない。

エクストリーム、ホワイトとその入居者の属性関係なく大家業をしていると、客付けをしようとした初日、その瞬間に、「これは人気が出る家」「これは客が来ない」などという勘が働くものである。そして、それはほぼほぼ外れることはないのだ。

そうした客が来ない家は、どこかに「俺でも、この家に住もうとは思わない」という気持ちがどこかにある家なのだ。

金額の多寡を問わず、たとえ安価でも新品のカーペットが敷いてあったり畳が敷かれていれば、まだ見ぬ入居者の心にきっと刺さるはずだ。

最近ではクッションフロアや琉球畳が大手ホームセンターでも安価で販売されている。これらは職人を呼ばずして大家自身の作業でも簡単に設置可能だ。それでいて見た目もいいのでお勧めである。

リフォームよりも「電子レンジ設置」を喜ぶ入居者

一方、いざリフォームするとなると高額な部類となるのが水回りだ。キッチンやトイレは水道工事が必要となり、きちんとするとなれば、なかなか安価で済ませるというわけにはいかない。

率直に告白すれば、私もかつてキッチンやトイレは客付けの際、客が一番気にするポイントだと思っていた。だから工事に１００万円程度の費用を無理してかけたこともあった。

だが、後でそれらはすべて私の自己満足だった。先で紹介したアニィや他のワケありの入居者たちは、口を揃えてこう言うのだ。

「うちら料理なんかせえへんもん――」

もちろんキッチンでお湯くらいは出たほうがいい。でも、入居者の大半は食事といえば即席のカップ麺かレトルトを好むのだ。

「ガスコンロかＩＨでも置いといてくれればいい」

もっと掘り下げると、極端な話、キッチンは水さえ出ればいいようだ。お湯が出ればなおよしである。入居者の多くはこうも言うからだ。

「メシは市場やスーパーの総菜を買う。キッチンよりも電子レンジ置いといてくれや」

そもそも家にほとんどおらず、夜は繁華街に近いところに住む友人宅などに入り浸るという入居者もいる。そんな人たちにとってキッチンは給湯設備が整っていて綺麗であることよりも、水が出ること、それ以上に電子レンジが設置されていることのほうが関心事なようだ。

だから昭和のキッチンのままでも、さほど問題はないのが実情である。

とはいえ、あまりにも小汚い状態だとやはり客付け時に大きなネックとなる。ここは100均やホームセンターで販売されているリメイクシートで済ませるようにした。これでも十分、客付けはうまくいく。

また、入居者たちのアドバイスに従って電子レンジをキッチンに設置したうえで客付けを行うようにした。これも大変、評判がいいのだ。

電子レンジはなにも新品でなくていい。リサイクルショップで購入した「温める機能だけ」がついているシンプルなものが逆に受ける。

キッチン以上に見た目が気になるのがトイレだ。これも気合いを入れたリフォームを施したところで、ワケありな入居者たちはさほど気にしないところがある。

「賃貸の家です。自分が使うにしても綺麗にしておこうとは思わないですよ」

ある入居者はこう言った。高卒後、すぐに生活保護受給生活をしているという30代の男性だった。「もし新たに家探しをするとしたらトイレは気になるか」という私の質問にあっさりとこう返した。

この男性によると、賃貸住宅のトイレは公園などにある公衆トイレと同じ。あまり綺麗なものを期待していないという。

だが、そう言うのなら、より綺麗なトイレがあれば、「入居したい」と思うのではないか……と大家としての私は思った。しかし入居者はそうは思わないようだ。

「駅から近いとか、遊ぶところに近いとか、利便性です。重視するのはね。トイレは使えればいいですよ。それに今どき、臭いがキツくて入るのも嫌だというトイレなんて、そうそうないでしょう」

こうしてみるとトイレも、わざわざ新品にリフォームまでしなくても、最低限、匂い対策と壁、天井のクロス（壁紙）、床のクッションフロアくらい張り替えて置くくらいでも、十二分に客付け可能ということがわかるだろう。

ただし、和式便器の場合は今の時代、年齢を問わず敬遠される。もし物件購入時にトイレが和式だったなら、洋式便器に取り換えたほうがいいかもしれない。

とはいえ、その場合も新品に交換しなくてもいい。中古の便器など、今やネットで検索すればリサイクルショップで簡単に買えるからだ。

新品の洋式便器でも探せば５０００～１万円程度のものもある。中古であれば、さらに安価になる。

むしろ気にすべきは新たに便器を取り換える際の工事費だ。こちらは格安の業者にお願いしても２万～３万円程度というのが相場だろう。

いずれにせよ、新たに入居者を迎えるにあたって、キッチンやトイレすべてを新品にし、多額の水回りの工事費をかけなければならない、ということは決してない。

これら費用をいかに安価に抑えるか、そこが大家としての腕の見せどころである。

ワケありな人たちが浴室を使用しない理由

ビジネスとしてのエクストリーム大家だが、行っていることはとても公共性が高い。さまざまな理由から家を持たない、住めない人に家を提供するからだ。正直なところ、ここに爆発的な需要は今後もないだろう。

エクストリーム大家業では、内装やインテリアといったソフト面についてはトイレを綺麗にしてシャワートイレを設置するくらいで、あとは見た目にそこそこ清潔感があればそれでよし――という実情を述べてきた。

賃貸物件ではこれらのほか、風呂（浴室）を重要視する声がある。その例のうち、最たるものが「追い焚き機能」の設置だ。

不動産界隈では浴室にこの機能があれば、客付けの際にぐっと顧客受けがよくなるという声もあるくらいだ。

たしかにこの機能があれば、便利ではある。ひとり暮らしの場合、翌日も沸かし直そうという人もいるかもしれない。家族複数人との同居なら、誰かが最初に入浴し次、その次……と、時間がかかることもしばしばだ。最後のほうになると湯は冷めている。沸かし直して熱い湯に浸かろう――日常生活におけるそうした場面を考えれば、追い焚き機能はありがたい。費用面で割高とはなるものの確実な客付けを狙う大家としては、外したくない設備であるのは間違いない。

しかし、エクストリーム大家業に限って言えば、追い焚き機能の有無は客付けを左右するものではない。

生活保護受給者や刑務所帰り、金融ブラック……こうした人たちは、不思議とこの機能を欲していないからだ。

度々、紹介したアニィは、「風呂の追い焚き機能は欲しいか」との私の質問に、つかみ掛からんばかりの威勢のよさを発揮しながら、この機能が不要である理由をこう語った。

「わざわざ昨日、使うたような湯、もいっぺん沸かし直して風呂入る？　なんでそんなことせなあかんねん。風呂の湯はサラッピが気持ちええに決まっとるやろうが」

「何が悲しいて風呂の湯、ケチるねん。男はさら湯じゃ、アホンダラ！」

彼が言う、「風呂の湯はケチる」というメンタリティは、自己破産や債務整理を経験した金融ブラックの人にも共通している。

うちの物件に入居中の金融ブラックの男性もまたこう言うのだ。

「折角、自分の家で風呂に入るのに、なんで古い湯に入らないといけないのか」

この入居者は自分の懐事情が厳しいにもかかわらず、お中元やお歳暮を大家である私に欠かさず送ってくる。その品は決まって高級カステラ、価格にして3000円相当だ。

昭和の時代ならいざ知らず、令和の世にお中元やお歳暮、そしてクリスマスプレゼントとしてケーキやクッキーを律儀に大家へ送ってくる。

大家としてありがたいと思う。しかし過去に金融トラブルを起こし、今は生活保護費で生計を立てている人である。正直な話、ちょっと複雑な気持ちになってしまう。一般の人に比して、とりわけ金銭感覚についてはどこかズレたところがあるのはたしかだ。

その金融ブラック氏は、風呂の追い焚き機能の有無について、私のヒアリングにこう回答した。

「家の風呂なんて……狭くて入りませんよ。そんな狭い風呂でガス代や水道代を気にして風呂に入るなんてリラックスできないでしょう?」

では、どこで風呂に入るというのか。風呂そのものが必要ないというのか。

「スーパー銭湯とか。家の近くにある銭湯もいいですね。有馬まで行って温泉でもいい。電車で行けばすぐですよ」

この金融ブラック氏が言うように、エクストリーム大家をしていると入居者たちは、不思議と銭湯やスーパー銭湯を頻繁に利用していることがわかる。

この原稿でも度々触れているアニィのようなヤクザと縁があった人や、生活保護受給の方すべてにそれは共通している。

アニィは「風呂入れる、風呂洗う、面倒やしな!」とも言う。こうしてみるとエクストリーム大家の物件では浴室のリフォームやクリーニングも不要なのかもしれない。

通常の物件とは、力を入れる点が異なるところがある。それがよくも悪しくもエクストリーム大家の物件なのである。

ノーリフォームのボロ戸建てを借りた女性の正体

一方、なかにはリフォームにお金をかけられず、前居住者が住んでいたそのまま、それもトイレは和式、床と壁はビーズスタイルという昭和の香り漂う物件を賃貸に出したいという向きもあるだろう。

とりわけアクセスの悪い立地、トカイナカの山奥、あまりにもうるさい繁華街のど真ん中などはこうした物件の場合、なかなか客付けは難しい。

だが、エクストリーム大家ならこの条件でも十分客付けが可能だ。

ただし、〝覚悟〟が必要である。

かつて私が手掛けたとある物件がまさにこの条件だった。トカイナカといわれる地域の山奥。古民家といえばカッコいいが、その実態はボロ家だ。購入価格は登記費用など諸経費込みで100万円である。

正直、中も外もボロボロだ。それをネットで客付けし、すぐに入居者が決まった。保証会社など通さず、大家との直の契約である。ワケありでもOKとなれば、さほど時間を置かずとも客は付く。

問題はここからだ。

付いた客、すなわち入居者がどういう人間でどういう使い方をするかだ。

この物件ではネット募集をかけてから3日目に入居が決まった。30代後半の女性。入居後は家賃の滞りもなく、きちんきちんと毎月支払ってくれた。

私が所有する物件はすべて、いわゆる保証会社や管理会社を通していない。頂いたお家賃はすべて収入となる。それに、エクストリーム大家なので、いざというときのためにや家賃設定を高めにしている。この物件の場合、世間的な相場では高くても4万5000円といったところだが、うちでは5万8000円で貸し出していた。

高めの家賃に昭和のボロ家、リフォームなしの内装――賃貸物件としては条件面で最悪ともいえるのに、この30代後半女性は借りると言う。

もっとも後になって思えば、「住む目的ではないのかもしれない」という妙な勘もあった。というのも入居前、本人によると職業は「無職」だという。それでも入居にあたり大家である私の信用を得たいのか、「約1000万円の預貯金があり、500万円程度の株式、投資信託を持っている」と話し、わざわざ証拠として預金通帳やネット上の証券取引記録などを見せてくれた。

「しばらくはこれでお家賃をお支払いします。これが尽きたら生活保護を受けます」

事実、住み始めてから1年くらい経った頃、この30代後半女性から、「生活保護を受給することになりました」と連絡が来た。

それでも家賃が途絶えることはなかった。

入居から3年ほどの月日が流れ、大家としてこのまま長く住んでくれればいいなと思っていた矢先、異変が起きた。

「〇〇警察署ですが……」

ある日の朝、手掛けた記事が深夜に校了し、爆睡していた私はこの電話で一気に目を覚ました。

「あなたが貸し出しているお宅にお住まいの女性の件でお尋ねしたく……」

要はこういうことだ。私が貸し出している物件で、金銭の授受を伴う乱交パーティが行われており、その主催者男性のパートナー、それが件の30代後半女性というわけだ。

「本人と連絡が取れたら、申し訳ないのですが警察までご一報頂けますか。その際は恐縮ですが、私たち警察から連絡があったということは伏せて頂きたいのです。どうかよろしくお願いいたします」

快諾し、即この30代後半女性に架電した。だが何度かけても繋がらない。私は車を飛ばし物件へと急いだ。するとそこには生活保護を担当する行政からの連絡票が落ちていた。もしかすると、来月、家賃取りはぐれるかな……。不安が募る。まずはこの女性と連絡を取らなければならない。電話が繋がらないので、パソコンからメールを送ってみた。その際の文面は、概ねこんな感じだったと記憶している。

〈生活保護の関連で行政が来ているみたいだけど、連絡が取れないから困っているみたい。だから連絡してあげて。それでうちの家賃はどうなるの？　あなたは家賃を生活保護費から払ってもらってくれているから、私も心配しています。家賃を払ってもらわなければ保証金も敷金も頂いていないので、即、ドアを開けて部屋に入ります〉

それでも連絡は途絶えたままだった。やがて月が替わった。いつもなら1日に家賃が本人の手によって振り込まれている。夕方、恐る恐る通帳を見ると、予想に反して家賃が振り込まれていた。

「家賃が振り込まれています。でも、どうしても本人と連絡が取れません」

私は警察と行政に一報を入れた。

それからしばらくして警察から連絡が来た。本人の身柄を確保したという。フダ、すなわち容疑は公然わいせつとその幇助だ。

入居者である30代後半女性は、私の物件で乱交パーティをやっていた。

彼女が警察のお世話になってすぐ、私は大家として面会し「今後、どうするの?」と聞いた。彼女は、「家を引き払いたい」「中にある家財道具は放棄するので大家さんのほうで処分してほしい」と宣った。早速、弁護士に相談し、家屋内にある残置物一切の所有権を放棄する旨の契約書を作成しサインしてもらった。

「乱交パーティ物件」の意外な結末

大変なのがここからである。

中に入ってみると、男女の営みの後が窺い知れる臭気がツンと鼻をつく。床や畳からは糞尿のような臭いがうっすら漂っている。古民家の梁にはロープが吊り下がっていた。

リフォームにいくらかかるのか——これが大家としての率直な気持ちだった。

100万円で買った家を毎月5万8000円で約4年の間、賃貸に出していた。かなりざっくりした計算だが年間70万円の家賃を稼ぎ出した。これが約4年間なので280万円。ここから購入価格である100万円を差し引くと4年間で180万円ほど稼ぎ出した計算となる(固定資産税は考えないものとする)。

利回りとして悪くないはずだ。かなり大ざっぱな計算だが約70％になる。

一般に不動産賃貸で利回りは５％くらいからが投資判断の基準となるから、それをはるかに上回る利回りだ。だが、やはりエクストリーム大家業ゆえ、こうしたごく一般の大家業では想像もつかないトラブルに遭遇する。

それでも、「４年でこれだけ稼がせてくれたならよしとすべし」と当時の私は正直、そこまで割り切れなかった。

なんとかして次の借り手を探さなければ収入が途絶える。何より本業であるライター業に差し支える。副業にかまけて本業が疎かになることは避けたい。私は必死で次の借り手を探した。一般にこうしたトラブルのあった物件は「心理的瑕疵あり」として次の借り手が付きにくいものである。

私も、正直このときばかりはそれを覚悟した。だが意に反して次の借り手はすぐついた。


「あの、件の物件、どうなっていますか？」


残置物である、ギロチン台に似せた拘束具やＳＭグッズに家財道具一式。ハウスクリーニングやリフォームなどの手間と費用に頭を悩ませていたタイミングで見知らぬ電話番号からの着信があった。

電話主が名乗り、要件を簡潔に一方的に語る。

「あの物件、お借りできますか？　もしよろしければ買わせて頂けますか？」

私は残置物の処理もまだ済んでおらず、また退去後のリフォームもしていないので、現段階では、「貸す」とは言えないと、こちらの事情を明かした。

「事情は承知しています。それを含めて、そのまま居抜きで貸して頂ければ。もし大家さんさえよければ、そのままお売り頂いてもいいですよ」

要は、そうした〝嗜好〟の方の横の繋がりか何かだろうか。うちの連絡先を知り、連絡を寄越してきたというわけだ。

もっとも面識のない人である。まずは会ってみた。ごく普通の、当時の私よりもおそらく10歳近く上のきちんとした正業に就いている紳士だった。

「掃除とかは必要ないです。そのままでいいのでお貸し頂いても、お売り頂いても……」

言葉の端々から「売ってほしい」という圧がひしひしと伝わってくる。

私は、その紳士に「反社ではないかどうか」を確認し、念のため運転免許証のコピーを取らせてもらい、懇意の弁護士のところへと駆け込んだ。その紳士が反社会的勢力の関係者であれば取引はできない。また、いわくつきの物件である。それをそのまま貸したり、売ったりしていいのか、そこを確認したかったからだ。

弁護士からは、「貸すことも売ることもＯＫ」とのことだった。

貸すか、売るか。一晩悩んだ。

交通アクセスはよくないボロ家。だが、静かで車さえあれば住み心地のいいところである。周囲に隣家はほぼない。顧客ニーズがあるといえばある。そんな物件を手放すのは少々、気が引けた。

とはいえ、このいわくつきの物件を持ち続けることもまた考えものだった。わざわざ問題のある物件を借りたいというこの紳士もまた、警察のお世話になった前入居者の女性と同じ性的嗜好を持っているようだ。再び、同様のトラブルを起こす可能性もある。

事件後、大した騒ぎにはならなかったものの、近隣ではそれなりに「わいせつ事件を起こしたお家（うち）」としてこっそり知られている。

気にしなければしないでいいのだが、当時、本業では教育関連の書籍や学生向けの記事の執筆も数多く請け負っていた時期だった。著者としてようやく業界にうっすら顔を覚えてもらえるようになった。そんなライターが、「乱交パーティ」「複数ＳＭ」の会場となった家の大家というのは、いささかバツが悪い。

現在、50歳を超えた年齢の私だが、今なら気にせず面白がって、この家を持ち続けただろう。しかし、当時は違った。「身辺は身綺麗に」という意識があったのだ。わいせつ事件を起こした家を持ち続けるだけでも、どんなとばっちりがあるかわからない。そう思うと、これは「売れ」という天からの啓示かなと思った。さっそく紳士に連絡を取った。

「お貸しできます。でも、もしよろしければお引き取り、買って頂けるとありがたいのですが……」

電話口からは、いまだ紳士が何も言葉を発していないにもかかわらず、とても喜んでいるような様子が伝わってくるような気がした。

「ありがとうございます。価格面ではおいくらくらいでしょう?」

後で懇意の不動産業者に聞いたところでは、こうした不動産売買の場では買い手も売り手も、「いくらで買うのか(もしくは売るのか)」をはっきりさせないのはアウトだそうだ。このときの私は、そういう不動産業の基本中の基本など頭になかった。とにかく貸すか売るか。買った価格よりも高く売れればいいが、こういう物件である以上、難しいことは覚悟していた。貸すならともかく売るとなると、「買い叩かれる」ことを覚悟していた。

どうしても折り合いのつかない金額なら貸すしかないだろう。その場合、この家を持ち続けることで起り得るトラブルにどう付き合うか、それが課題だなと決して長くはない電話での会話の間、そんなことを考えていた。瞬時に頭の中でパチパチとソロバンを弾く音がする。

「諸々で、コミコミ150万円でお願いできますでしょうか――」

ちょっと高すぎたかな、吹っかけていると思われたかなという気がした。ただ、とっさに出たこの数字は、見方次第では吹っかけているだろう。でも何の根拠もないが極めて妥当な金額のような気がした。

電話口から紳士の声が響く。その一瞬一秒がとてつもなく長い時間に思えた。

「いいですよ。諸費用込みで。150。承知しました」

あまりにも話がうまくいき、呆気に取られた。

だが、ここで気が動転している素振りを見せるわけにはいかない。これはビジネスである。あくまでもビジネスに徹した態度を貫かなければ顧客に失礼というものだ。私は、そう自分に言い聞かせ、ひたすら冷静である自分を装った。もっとも今思えば、私よりも年長で、おそらくビジネスの場でそれなりの実績のある紳士だろう。貧しいライターで激安のボロ物件を商う私の胸の内など、手に取るようにわかっていたはずだ。

とにもかくにも、こうして100万円で買った物件を約4年間5万8000円で貸し出し、それを150万円で転売することができた。

不動産投資としては成功の部類に入るだろう。

「大家直契約」「保証人不要」なら家賃が割高でも借りていく

投資の世界ではインカムゲインとキャピタルゲインという言葉がある。不動産投資ではインカムゲインが家賃収入、キャピタルゲインが転売益だ。

この物件では、いろいろトラブルがあったにもかかわらず、その両方で稼ぐことができた。

運がいいと言ってしまえばそれまでかもしれない。しかし、そうとも言い切れないところもある。

よくビジネスの世界で成功するには、よくも悪しくもブレないことという。

率直に告白すれば、私の場合はどういう側面でもブレようがなかった。まずお金がなかった。そもそも手持ち資金がない。だから激安のボロ物件を購入するしか選択肢がなかったのだ。そのボロ物件とてリフォームなどにカネをかけられない。ゆえに知恵を使うしかなかったのだ。

中も外も昭和の香り漂う和式トイレにビーズタイル、風呂もアルミの浴室である。これを貸し出すとなると、正直なところ、きちんとした職に就いている人、ご商売をされている人は難しいと思っていた。そうすると行き着く先は、「人里離れたところに住みたい人」「倉庫や書斎といったセカンドハウス利用」になる。

当時、私はネットで募集をかけるのと並行して行政、とくに役所の生活保護担当の部署や、生活困窮者を主に扱っているNPOに営業をかけた。

どれもそれなりに手応えはあった。やはり亡き母が言ったように、人はどんな境遇でも家には住むものである。家を探している人は必ずいる。

もしくはトランクルームに見られるように、自宅家屋では収まりきらない何かを保管する場所、あるいは別宅的な利用といったニーズも客付け営業時、よく耳にしたものだ。どういう用途であれ、極端なことをいえば、借り手が借りたいと思うものであれば借りるものである。

先述の激安ボロ家の場合、ポイントとしては「保証人なし」である。もう少し踏み込むと「住宅保証会社など必要なし」だ。

広い世の中には、何らかの事情で、「足がつかない」ものを望む人がいる。金融ブラックしかり、秘密の趣味の場を望む人しかり。

こうした人たちにとって、大家との直契約を謳う物件は多少、割高でも「即、買い（借りたい）」だ。世間の相場に比して、かなり割高な家賃でも確実に借りてくれる。それに何より金融のみならずあらゆる信用について大家サイドは問わない。カネさえあればそれでいいという世界である。

貧乏大家である私は、当時、そこに目をつけるしかなかった。もちろん亡き母の教えが大きい。

誰かが言った。商売の鉄則は安く仕入れて高く売る——まさにそれだ。安い物件を買って高く貸す。ならば高く借りてくれる人を探すまでだ。

もっとも今はネット社会である。ネットの告知でごちゃごちゃ書くのは嫌われる。そんなものは誰も読みはしない。伝えたいことを凝縮して伝える。それが次のふたつだ。

「家賃額」

「大家直契約（保証人不要、保証会社不要）」

ここを明確にしておけば、割高な家賃額、かつ内外装が良くなく、交通アクセスの条件が悪くとも、必ず入居希望者が時間を置かず現れるものである。これはエクストリーム大家歴15年の経験上、自信を持って皆様にお伝えできることである。

このように、エクストリーム大家になると肚をくくれば、どんな物件でも高利回りでの貸し出しが可能だ。加えてネガティブな状況を逆手に取って高価格での転売もできよう。

先でも触れた「乱交パーティの館」がまさにそうだ。

条件の悪い激安ボロ家を割高な家賃で借りたいという人もいれば、あろうことか、それを買い取ろうという人もいる。

買い取ろうという人の目的は、ズバリ、居抜きである。先の物件ならば、そうした嗜好の人にとってはそのまま手を加えず入居できるというメリットがある。

ごく一般の大家業では、このようないわくつきとなってしまった物件は、まずは原状回復し、心理的瑕疵については一度、誰かに住んでもらい、物件としての履歴をロンダリングする。それから投資物件へという手間暇をかけなければならない。とても時間とカネのかかる作業である。

エクストリーム大家であれば、そうした時間とカネをすべてカットできる。

それに何より、今まで見てきたように条件面で劣悪であっても、「そうした物件でも借りたい顧客」をターゲットにすると決め、「きちんと家賃を支払ってもらえる客」を見つけさえすれば、激安ボロ物件をそのまま「毎月、お金を生み出す装置」にすることができるのだ。

お金を生む装置となる物件は０円物件でも、１００万円の物件でも１０００万円の物件でもいい。価格は関係ない。物件、すなわちハコモノさえ用意しておけばいいのだ。

ビジネスとしては、とても効率の良いものではないだろうか。

ただ、私はこの一件以降、戸建て物件の購入は控えることにしている（絶対に買わないというわけではない。より良い条件の物件があればもちろんその限りではない）。

代わりに「昭和の団地」の区分所有を積極的に行うことにした。今、かつてのニュータウンと呼ばれる地域に位置する団地に住もうという人は少ない。すでに住んでいる人も高齢化が著しく、若い世代には人気がない。

一方で、「団地のリフォーム」「人と人との触れ合い」といった要素も見直されている。団地はマンションと違い、多くが管理業者のいない自主管理である。清掃当番などがあり、それが若い世代に嫌がられている。

このどういう意味でも人と人との繋がりがあること、つまり他人からの目が光っているので、少なくとも自らの物件が犯罪の温床となることが防げるというメリットがある。これは大きい。

それに団地でも一応、マンションである。管理費の支払いはあるが、いざ、何かあった際の修繕費は浮く。保険のようなものだ。

戸建てであれば、毎月いざというときに備えた資金を貯めておく必要がある。だが、これも実際に行うとなると、人とは心弱いものでなかなか難しいところもあろう。

そう考えると、私は、団地のほうがいいという判断をした。

戸建てのほうが管理費もなく、いざ不具合が出てリフォームが必要となったとしても、そのときはオーナーチェンジ、売ってしまえばいい、という考え方もある。

要は、どこまでリスクを取るか、だ。

一方、現在、政府主導で住宅セーフティネット法に基づき「住宅確保要配慮者（低額所得者や被災者、高齢者、障害者）」など、なかなか家を借りられない人への対策が本格化している。それだけエクストリーム大家へのニーズが高まっているというわけだ。

とはいえ、大家に補助金や助成金といった優遇はないのが現状だ。

これら行政からの庇護を求めるならば、「住宅確保要配慮者居住支援法人」の指定を取得することが必要だ。この指定は既存のNPOや一般社団法人、社会福祉法人、居住支援を目的とする会社などが受けるのが一般的で、個人事業主や「法人成り」「ひとり社長の合同会社」ではなかなか取得できないのが現実だ。

もっとも、この居住支援法人の指定などなくても実際の業務では困ることはない。むしろ、激安ボロ物件を購入して生活保護受給者やその予備軍、刑務所帰りに金融ブラックといった人たちに家を貸すとなると、しがらみがないほうが望ましい。

居住支援法に指定されると、入居者が生活保護受給申請をした際に家賃額が足かせとなることもあるからだ。

たとえば神戸市を例に取ると、ひとり世帯の生活保護受給者の家賃扶助額は4万円。6万円の家賃の物件を貸し出していても、行政からの家賃扶助はこの場合4万円が上限だ。差額の2万円は入居者の個人負担、生活保護費からの支払いとなる。これを行政側、とりわけケースワーカーと呼ばれる生活保護受給担当者は毛嫌いする。

「家賃、なんとかなりませんか。もしできないのなら生活保護を認めない可能性も……」

こういう行政側の〝独り言〟も、居住支援法人の指定を受けていない個人事業主やひとり社長の法人であれば、あまり気にしないで済むというものだ。

エクストリーム大家業でもっとも大事なもの、それは物件ではない。入居者との縁――これに尽きる。

激安ボロ物件にわざわざ相場に比して高い家賃を支払わなければならない入居者たちである。ひと癖もふた癖もある人が多いのはたしかだ。

それにどう付き合うか、そして、その間の時間を楽しむことができればエクストリーム大家としての日々はとても充実したものになることは間違いない。

次章では、そんなエクストリーム大家業を行うにあたって、大切なお客様である入居者探し、客付けで気をつけることを、私の体験に基づいて語っていく。

第2章

Chapter 2

常識が通用しない客付けテクニック

不動産会社に客付けを依頼してはいけない

エクストリーム大家業で大事なのは物件ではない。入居者だ。

エクストリーム大家業は大勢のタレントを抱える芸能プロダクションに似たところがある。芸能プロダクションがタレントを迎え入れる手段は、今なら自社HPから面接やオーディションを受け付けたり、スカウト活動をしたりといったところだろう。

では、エクストリーム大家業を営むうえでその収益を左右する入居者たちと、いかに出会うのか、その客付けについて、私の過去の経験則に基づいて語っていきたい。

今思い出しても、どの入居者も「退去すればすべていい人」として記憶されているのが不思議だ。

一般的な不動産業では、客付けのスタンダードはやはり不動産会社に依頼することだろう。仲介業務依頼というものだ。不動産会社に頼むメリットは、ひとえに客付けにおける諸々の作業をすべて丸投げできることに尽きる。

よく経営指南書や成功して財を成した方の体験記などを紐解くと、「すべてをひとりで抱え込むな」「丸投げできるところは丸投げせよ」とある。

その意味では、プロフェッショナルである不動産屋さんを活用してもいいだろう。

そう私も考えたことがあった。

実際、本業があまりにも多忙になった際、折角の機会なので不動産会社と人脈を作りたいと思い、積極的に営業をかけたこともあった。だが、正直なところ、私のようなエクストリーム大家業では、付き合うメリットはあまりないと思えた。

理由はただひとつ、「お金がかかる」からだ。

これまで、どうにかして不動産会社との縁を紡ごうと、10軒近く飛び込みで廻り、ほかにもＮＰＯや行政関係者、私の本業を通したご縁を介して、かれこれ30軒の不動産屋さんと会った。結果は芳しいものではなかった。

彼らから見てうちのようなワケありな人々をターゲットとする大家も、いわゆる一般的な大家も、同じ大家業という括りである。求められる費用は同じだ。

客付けの費用は、私が訪ねた町の不動産屋さんでは概ね、月の家賃の３〜４倍を求められた。加えて、客付けが別の不動産会社だった場合、これとは別に家賃の２倍を求められることもあった。

理屈よりも私の体験を述べよう。


「お客さん、不動産の管理会社は？」

「いや、私ひとりですべてやってます。いかんせん、そうしないと利が薄いので」

「それなら客付けのお引き受けは難しいです。継続して、深く長いお付き合いをさせても

らいたいのでね……」

こうした言葉に乗せられて家賃の支払いを含めた管理業務まで丸投げしてしまうと、さらに利が薄くなることは言うまでもない。

たとえば弊社の主力商品とでも言おうか。月額家賃5万3000円の団地一室の場合、まず客付け費用で約16万円かかる。これでも町の不動産屋さん曰く、「3か月（の期間はかかると）は見てもらわなあきません」という。しかも客付けができたとて、それが別の不動産会社からの紹介となると、さらに紹介料という名目で10万円の請求が来る。

結局、客付けだけで26万円かかってしまうのだ。約5か月分の家賃収入が飛ぶ計算だ。また後述する宅建業務費（書類作成費）だけでも、5万円ほどかかった。

さらに管理費として月額1万円や2万円を求められるとなると、もう大家としてはあまり旨みはない。

さらに言えば、町の不動産屋さんが客付けにおいて何をしてくれるか。

大手賃貸物件サイトへの掲載や、独自のネットワークで入居者を見つけ出してくれることだろう。

では、どのくらいの期間で客付けしてくれるのか。私の場合、融資を引っ張って物件を購入したわけではないので、入居者がすぐに入らなくても収入面で困るということはない。とはいえ、入居者が決まらない状態では収入が途絶えてしまう。やはり急ぎ入居者を決めたいものだ。

そうした期待に町の不動産屋さんが応えてくれるかといえば、正直「ＮＯ」である。

私が一度お願いした不動産会社では実に入居まで４か月もの時間を要した。それで先にも触れたような客付け料と紹介料の支払いである。まったく割に合わない。

もっともこのときは、私自身もエクストリーム大家業という副業にどこか自信を失っていたときだった。運がよければまともな会社員にも入居してもらい、そうした人たちからは敷金や礼金を頂こうと皮算用していた時期もあった。

公務員に部屋を貸してはみたものの

つまり商売の方向性がブレていた時期である。何事もブレはよくない。

不動産会社さんの客付けで入居したのは警察官だった。敷金３か月分、礼金２か月分を……とチラシや賃貸サイトにも掲載していたが、入居を検討中という警察官氏からの強い要望で、不動産会社さんからは契約時「保証金１か月分」との条件を提示された。

「これまであなたが扱ったことのないお堅い職業の方を連れてきたのだから、これで呑んで下さい」

しぶしぶ、それを呑んだ。だが、このとき入居した警察官氏は、わずか半年で退去した。結局、ほとんど利は出なかった。

ただ、さすが警察官だった。家を実に綺麗に使ってくれた。退去前、恐らくプロのハウスクリーニング業者に頼んだのだろう。退去時のチェックでは、家はピカピカになっていた。

この一件以来、私は町の不動産屋さんとの付き合いを積極的に求めなくなった。たしかにお堅い公務員を客付けしてくれたが、利が出ないし、コンサルタント気取りであれこれ指図されるのに嫌気が差したところもある。

考えてみれば、亡き母も、ある不動産会社に客付けをお願いしていたことがあったが、いつの間にかその関係は途絶えていた。

あれは確か私が高校生の頃だったか。亡き母が不動産会社を通して客付けして物件に入居者が決まったと喜び、その日は家で寿司を取ったものだ。もっともその物件は購入してから空室が9か月ほどだったと記憶している。はっきり言ってかなりの損失である。

それにしても亡き母も私も、なぜ、こんなに不動産会社との相性が悪いのか。最近になって、長年の私のこの漠然とした問いに応えてくれた不動産会社の担当者がいた。彼は平然とこう言った。

「正直、あまりにもショボイ物件です。客付けに力を入れても収益性があまりにも低い。

この言葉を聞き、私はもう町の不動産屋さんとは適度な距離を保つことに決めた。そして大家としての立ち位置は、やはり生活保護受給者や金融ブラック、真実、自称を問わず刑務所帰り、そしてそのグレーゾーンに位置する人たち――といったエクストリーム大家としての立ち位置、これを軸にすると肚に決めた。

ただ、しばらく不動産会社と付き合ってみて、勉強になったこともいくつかある。

ひとつは客付け時は「印象勝負」。写真の腕を磨くべし。そしてもうひとつは決して高価なモノでなくてもいいので内装を整えておくこと。とくに水回り、キッチンやトイレはなるだけ新品、もしくはそう見えるようにするということだ。

何事も基本、通説を知ることは大事だ。

それを不動産会社との付き合いで教えて頂いたと思うようにしている。それにビジネスの鉄則だが、人から言われた通りにやっているだけで高い収益性が確保できるものはそうそうない。基本や通説通りにやっているうちは、大家として大した収入は得ることができないと、一連の出来事を通して実感した。

たとえ汚くてもいい、とにかくここに住みたいという入居者を素早く探して客付けし、入居して頂いたほうがはるかに収益性が高いビジネスであることに気づいた。これが不動産屋さんとの付き合いで得た最大の収穫かもしれない。

エクストリーム大家ならではの客付け黄金コース

亡くなった母の日記にもこんなメモ書きがある。

〈不動産屋→物件購入と宅建の関連業務○、管理×、客付け×〉

このメモにある宅建＝宅地建物取引業務とは、いわゆる宅建者（今は宅建士）のこと。その文字通り、宅地や建物の売買の際に書類を作成したり重要事項を説明したりする専門職だ。

この資格がなければ宅地、建物の売買ができないかといえばそうではない。個人もしくは法人が自社の建物や宅地を他人に貸す場合は、とくにその資格は必要ないのだ。

それでもやはりプロに頼んだほうが書類の作成では漏れがないと亡き母は考えたのだろう。多くの取引で町の不動産屋さんに「契約時の宅建業務（書類作成）」をお願いしていたようだ。

私は、先ほど紹介した警察官氏の入居の際に、一度だけこの業務をお願いした。だが、その後はプロに頼っていない。結局のところ、この書類作成にも5万円ほどの費用がかかるからだ。だから、書類作成も私はすべて自分で行っている。費用はかからない。

それにしても警察官氏の入退居は、大家としては実につまらない体験だった。

客付けした不動産会社が言うように、「お堅い職業の人」だけあって家賃滞納の心配はない。もちろんトラブルもなかった。だからだろう。この無風のお客様と過ごした時間は、正直、私の中で何も残っていないのだ。

他のワケありな人たちとは違い、この警察官氏とは常日頃、接することがなかったからだろう。

もちろん、こちらから積極的にアプローチしていくこともできたかもしれない。だが、一般的に大家が入居者に声掛けし、密にコミュニケーションをとることは、今の世の中、ほとんどないだろう。だから、私もそれをすることは憚られた。本業であるライターの肩書を用いて、「取材してもいいですか」「飲みに行きましょう」と言ったところで、まず応じてくれることはない。

それにそもそも、賃貸物件の借り手と貸し手の関係である。そうそう密度の濃い人間関係を求める入居者はまずいないだろう。

私はいつしか、面倒だと思っていたワケありな入居者たちとの触れ合いが楽しく、そして面白いと思うようになっていった。充実した日々の連続だったのだ。

たとえばある夜、寝ているときに警察から電話がかかってきて、「お宅の入居者が酒場で喧嘩しているから」「お宅の入居者が路上で酔っ払って寝ているから」と言われ、身柄を引き取りに、慌てて車やタクシーを飛ばす。またあるときは地域の自治会から、「お宅の入居者が近隣の住民から気持ち悪がられている」と連絡が来て、様子を見に行く――。

正直、心地よいものではない。でも、しばらくすると、そうしたことがとても楽しく思えてくるのだ。どこかピリピリした空気感のなかにも間が抜けた感覚、これは味わった者でしかわからない面白さだろう。

一般的な大家であれば、とてもそんな日常を味わうことはできない。

そうした個性豊かな入居者たちと出会うには、やはり、普通の不動産会社にお願いするのはそもそも間違いなのだろう。

かつて私が子どもの頃、母は大阪・西成にある、今はなき「あいりんセンター」付近や三角公園、神戸・湊川や福原周辺の路上で「人生やり直さへん？」と声掛けし、軽トラックに乗せて走り回り、入居者を確保していた。

もちろん、今はそんな真似はできない。では、どうやって客付けするのか。

エクストリーム大家の客付けは次の3つに尽きる。

●町内の掲示板にチラシを掲示する（掲示板）
●行政やNPOから紹介してもらう（NPO系）
●SNSや個人間マッチングサイトで募集する（ネット）

もっともこれら3つのスタンダードコースも、入居者のカラーがだいぶん変わってくる。有り体に言えば、入居者のキャラ、そのディープ度の濃さは掲示板➡NPO系➡ネットの順である。

ともすれば世間では、いまだネットで恋人と出会った、モノを買ったといえばどこか怪しいと見る向きも少なくない。

賃貸における客付けも同様だ。いわゆる町の不動産屋さんを介して物件を探し、入居したとなれば、入居者（借り手）と大家（貸し手）の双方は安心できるという前提がある。もっとも令和の世の今、ネットといっても『ＳＵＵＭＯ』や『ホームズ』『アットホーム』といった〝賃貸サイト御三家〟であれば、安心できるだろう。

しかし、私が客付けに使うネットというのは、ＳＮＳのツイッターと個人間取引に特化した交流サイト『ジモティー』を指す。

私の持っている物件の入居者数のうち、行政やＮＰＯからの紹介とネットは現在、ほぼ同数となっている。今では町内の掲示板経由での入居はほとんどないが、かつては少数ながらいたこともある。

亡き母がエクストリーム大家業を営んでいた当時、といってもネットが普及する以前の時代は、町内の掲示板での入居者も数多かったものだ。

しかし今では携帯電話、そしてスマホの普及でめっきり減ってしまった。

もっともキャラの濃い入居者と出会える町の掲示板

とはいえ町内の掲示板を見て連絡をしてくる人のキャラの濃さ、あくの強さには圧倒されたものだ。それはＮＰＯやネット経由の比ではない。まず、開口一番こう言う。

「あんたか？　家貸してる大家ゆうのんは？」

「はい。ええと、もしかして掲示板を見て電話くれたん？」

「見いへんかったら電話でけんやろ、ボケ！」

こんな具合である。さらに詳しい話を聞くと、だいたいが「刑務所帰り」と言う。

「どこで（懲役を）務めていたん？」

「どこて、お前、ムショやがな。お前ごときに言うてもわからんど。アホンダラ！」

「ああ、ごめんしてや。堪忍やで。それでなんでうちに入りたいん？」

「おおっ、（生活）保護とかも面倒見たらんかい！」

大抵は、酒を飲んで、ちょっと気が大きくなって電話してきたのかなという印象だ。だから会話が噛み合わない。また、その話の多くはハッタリか騙りとみていいだろう。だが、実際に会ってみると、案外、繊細というか気が小さいところがある人が多いものだ。

あくまでも私の経験則のみに基づいた話で恐縮だが、自ら「ムショ帰り」と声高に言う人の多くは、実は刑務所に行ったことのない人、もしくは行ったとしても、意図的に窃盗などの犯罪を犯し、刑務所に入ることで雨露凌げる場所を確保したい〝懲役太郎〟であることがほとんどである。

本当の出所者は、まず自分から言わない。行政やＮＰＯなど、紹介者の口から、「どこそこ刑務所に何年、傷害で収監されて出所、これから真面目に……」と言われてわかることがほとんどだ。

なので、電話口で「ムショ帰り」を連呼されても、正直、「また始まった」という感覚でしかない。

町内の掲示板を利用した入居の問い合わせでは、こうした人たちもまた数多い。

「俺な、昔、神戸の（生活）保護で迷惑かけとるさかいな。そこわからんようになんとかせいや！」

要するに生活保護受給中、何らかの事情で行方をくらまし、そのままあちこち転々としていて、また神戸に舞い戻ってきたのだろう。

私がこの手の問い合わせをしてきた人たちから聞いた話を総合すると実情はこうだ。カネ、オンナ、そして組織というかヤクザ関連の諸々のトラブルに巻き込まれた、もしくは自分で勝手に巻き込まれたと思っている……そして逃げた。逃げた土地でもまた同じようなことをして、結局、ここ神戸にまた来てしまった――。

「大家さん、助けてや！　ワシ、この辺歩いとったらエンコ詰めなあかんねん――」

一度、私の物件の掲示板を見たという70代の年配の男性から問い合わせの電話を頂いたことがあった。たまたま電話をもらったタイミングで私も時間が空いていたので急ぎ会いに行き、話を聞いた。

「ワシ、この近くのソープの女に昔、手出してな。その女がここを縄張りとしとる○×組の親分のコレや。それでワシ、組からトコロ払いされてやな。せやけど女のほうから、また会いたいゆうから戻ってきて、今、身を隠しとるんや」

こうした話を、トコロ払い（そのエリアに居住することを許さない制裁）されているという地域のメインストリートのど真ん中にあるマクドナルドでしている。こちらの身の危険はないのか心配になる。

「こう見えてもワシ、女がほっとかんさかいの。博多も行ったし、岡山も行ったで」

この手の人たちが言う〝女〟とは、水商売か風俗のプロの人たちであり、彼女たちからすれば単なる客に過ぎないことがほとんどだ。

恐らく水商売の女性に一方的な恋心を抱き、通い詰め、ツケを溜めすぎたのだろう。そして借金が膨れ上がり、その土地にいづらくなってここに来た――というのが真相と私は見た。

ちなみに風俗だと、いわゆるツケが利くところなどほとんどないので、この手の人たちが風俗嬢に入れあげたとしてもカネの面でトラブルになることは今の時代、まずない。だから、この手の人が小指を立てて「ワシ、女のトラブルで……」と言うケースの真相は十中八九、地元のスナックや小料理屋あたりの女性に入れ込んで、そこのツケが払えなかったというパターンが多い。

この自称・元ヤクザに私は単刀直入に聞いてみた。

「ほんまに、ここ神戸に住むつもりあるの？」

引き受けるとなると、まず住民票をきちんとしてあげなければならない。それから生活保護受給の申請を行政にお願いすることになる。それ以前にも、今日の食事や風呂、替えの下着や布団の用意など細々とやることがある。

「あるで。せやけど今日は飲みに行くんじゃ。入居祝いや!!」

噛み合わない会話を遮り、そのまま物件を見せるために車に乗るよう促す。すると、「うーっ」と叫びながら全速力で走り去っていく。私は呆然としながら、その後ろ姿を追うことだけしかできなかった。

後日、この話を懇意のＮＰＯ職員にした。すると、こう返ってきた。

「それはね、ただ、大家を呼び出してお茶かあわよくばお酒、お食事でもたかろうという彼らの常套手段ですね」

この一件で、私は町内の掲示板を用いた客付けはやらないと決めた。なお、掲示板の利用には費用はかからない。やはり、タダほど怖いものはないのだ。

ネットの客付けで家賃滞納リスクは減る

一方、『ジモティー』やツイッターなどネットを用いた集客は、エクストリーム大家の黄金ツールといえよう。利用料金は無料。常識で考えて絶対に客付けなどできない激安ボロ物件、それを割高で借りようという入居者を募り、実際に客が付く——それだけ何かを抱えている人ということだ。

先でも触れた町内の掲示板やチラシとは異なり、こうしたネットでの集客で集まってくるのは年齢層でいえば、高くても60歳くらいまで。これはかなり少数派だ。そのボリュームゾーンは20代ないし30代といったところだ。

ただ、ここに集まってくる人たちのカラーは、いかんせん紹介者がない分、「ワケあり度」が高い。それだけに、私の立場から見て、「なぜ、わざわざこの人がこの条件の家を借りたいと思うのか」と不思議な人が入居したいとやってくるケースもある。

たとえば医師や公務員、大学教員、一部上場企業勤務といった人たちだ。ただし、やはりネットを介してきただけあって、何か隠しているケースが多い。

以前、ネットで客付けを行った物件で、病院勤務の医師からの問い合わせがあった。一見、収入面や人柄などは何の問題もなさそうに思えた。

「あの、どうしてうちの物件に？　正直、うちは条件が良くないというか……」

住居を借りる際に保証人を求められることを嫌う人が「保証人不要」を謳う大家に、ネットで問い合わせることがあるだろう。しかし、うちの場合は、そうした人はほとんどいない。客付けの際、こう明記しているからだ。

〈大家直契約。融通利きます。保証人不要。ワケあり相談に乗ります（生活保護、金融ブラック、社会復帰、シングル家庭などなど）〉

この文面の場合、まず「保証人不要」というところにヒットする。そしてワケあり、たとえば「生活保護」の場合、入居を考えている時点で受給している者であれ、これから申請するという人であれ、そういう属性にいる人でもＯＫという意味だ。だから、これに該当する人ももちろん入居可能である。

次の「金融ブラック」。これも自己破産や債務整理、カード破産者など、いわゆる金融信用情報の属性が良くない人たちだ。こうした金融ブラックの人も受け入れ可能ということを文面で謳っている。

「社会復帰」は刑務所での務めを終えた人、「シングル家庭」は、離婚して住居を失った子連れのひとり親だ。

このうち、ネットでの客付けで多かったのは、真っ当な職に就き、安定した収入もあるが金融ブラックという人たちである。

こうした人たちから事情を聞くと、大家としてはさほど問題ないと思える人が多いのも事実だ。過去に私が面談させて頂いたケースだと、「パチンコ、パチスロにハマり、キャッシング、カードを止められたという一部上場企業社員」「妻の親の借金の連帯保証人となり、それを穴埋めするため借金を繰り返し債務整理をしたため金融信用情報にキズがついた」などなど。

すでに自己破産の手続きを終えている、もしくは債務整理を終え、返済も軌道に乗っているという人で、これら社会的にきちんとした職に就いている人であれば、物件を貸し出してもなんの問題もない。

先に触れた医師に話を戻そう。

浪費癖の激しい妻が散財し、債務整理をしたばかり。誰にも保証人が頼めないと言う。それで私のネットでの客付け募集を見て、医師本人が子どもふたりとの入居を希望して問い合わせてきた。

「お話を伺うと、今までとは随分と環境が異なりますが大丈夫ですか？」

このときの物件も、いわゆる「昭和の団地」――６畳のキッチン、６畳間ふたつ、４畳半の３Ｋという物件だった。リフォームはシャワートイレのみ。クロスはさほど汚れていないが、張り替えていない。前の入居者が使っていた冷蔵庫と電子レンジ、炊飯器、ベッドが残置物として置いてある。エアコンも残置物扱いだ。

「いや、もうとにかく人生やり直しなので。お世話になります――」

この医師は、「子どもの通学の利便性がいい」という理由で、結局3年ほど私の物件に住んだ。たしかに入居時こそ属性は金融ブラックではあったが、退去時には、かなりの預貯金もあったようである。ある日、「再来月をもって退去したい」という連絡が来た。

「近くにいいマンションができたので、そこを買うことにしました――」

とても感謝された。この医師に入居中に一度、給湯器が壊れたという一件でアイスクリームをお土産として持参し、訪ねたことがあった。ふたりの子どもたちもきちんと挨拶のできる、とてもいい子たちだったと記憶している。

金融ブラックというと「家を貸しても果たして家賃が入ってくるのか」という心配はある。だが、よく話を聞いたり、事情を尋ねてみると案外、高収入だったり、常識人であるケースも少なくない。この医師との関わりで私はそれを実感した。

逮捕されてしまったワケあり会社員の「罪状」

ネットでの客付けは、広く大勢の人が見ている。だから幅広い属性の人が集まる。いい人もいれば、もちろん個性豊かな人もいる——。

「保証人なしということですが、保証会社もなしということでいいんですか？」

先の医師が退去した後、私は再度ネットで客付けを行った。その募集文言は当然、「大家直、ワケあり歓迎、融通利きます……」である。これを見たという上場企業勤務の男性から連絡が来た。年齢は50代にさしかかったばかりという、世間的にいえば〝堅い〟人である。

「いいんですよ！　うちはそうしたものを求めない代わりに家賃がややお高めですが……。過去は問いません。これからを見ています。大変、恐縮だけれども、私が面談して、いけそうなら、ぜひ」

いつもの通り、やや横柄な口調、高飛車な物言い、そして元気いっぱいで話す。これは、いわゆるワケありな人たちから舐められないようにするためだ。

加えて、得てしてこの層の人たちは、いろいろなことがあって気持ちがふさぎ込んでいることが多い。あえてこういう物言いをしたほうが、前向きになれる——と、過去の入居者から聞いたからだ。

そういえば亡き母も、客付け時は元気いっぱいに振る舞っていたものだ。おそらくこの業界におけるノウハウとして、こうした作法は定着しているのではないだろうか。実際、中小の金融業者の営業マンもそんな感じの人が多い。

このとき問い合わせてきた上場企業勤務の男性は離婚したばかりで、単身での入居を希望していた。ただ、離婚した妻や子どもが時折泊まりにくるかもしれない。場合によっては、宿泊期間が長くなるかもしれないとも。それでも入居可能かどうか聞いてきた。

「別にかまへんけど。ただ、それなら一緒に住んだら？」

こう私が返すと、「子どもの学校の都合がある」「妻とは別れたけれど子どもの親としてはふたりに責任があり……」と、今の時代のホワイトカラーらしく、もっともなことを言う。正直、私としては、そのほうが助かるというところもある。

男性の単身入居だと家が荒れることも多い。長く入居してくれるのはありがたいが、退去後の原状回復が大変なこともしばしばだ。最近ではタバコ臭のみならず、加齢臭を気にする人もいるので、これの除去となると手間とカネがかかる。

元奥様といったパートナーやお子さんが定期的に訪ねて来る。勤務先はわかっている。いわゆる金融ブラックでもない。もちろん収入面でも何ら問題はない。そんな人が、なぜ、わざわざ保証人不要で、相場なら家賃約４万円のところを５万３０００円も出して住むのか。どうにも腑に落ちない。

稀に年度替わりや急な転勤、住宅リフォームのための仮住まいという人もいる。この単純素朴な疑問を、上場企業氏に問うてみた。

「ちょっといろいろありましてね。このくらいでご勘弁願えますか——」

そもそもうちのような物件に入居しようという人たちは、基本、その大小を問わずワケありである。私はこの上場企業氏に「金融ブラックではない」「転貸目的で借りたわけではない」ことを確認しただけで、空気を読んで話を切り上げた。

入居後、とくに問題らしい問題もなく1年ほど経った。そんなある日のこと、私は本業でとある書籍の校閲作業をしていた。けたたましく私のスマホが鳴る。新聞や出版業界にいる人ならわかると思う。この校閲作業はとても神経の使う仕事だ。だから集中して事に当たりたい。

普段なら電話に出ないところだが、電話番号を見て出ないわけにはいかないことがわかった。

〈0□□―○×▽―0110〉

下4桁の番号が0110、つまり警察からである。

いったい何があったのか。瞬時に電話を取る。思いのほか、電話主が柔らかい口調でこう言う。

「大家さんですね。○○署です。上場企業氏のことでお話を伺いたく……」

入居者が何かしでかしたか。そして思う。何か上場企業氏の身にあったのだろうか。どこかでトラブルにでも巻き込まれ、その身柄を引き受けに来いという連絡なのだろうかと、私はどこか悠長に構えていた。

「実は上場企業氏がある犯罪に関わっているという、極めて濃厚な疑いがありまして」

どういう犯罪に上場企業氏、うちの入居者が関わっているというのか、それを知りたいと思い、あれこれ聞いてみたが、電話主は「まだちょっと……」と言うだけで、詳細について口を開かない。結局、この電話で聞かれたのは「家賃の支払い状況」と「預金通帳の口座番号」であった。

これら問い合わせは強制力のあるものかをまず確認した。すでに令状が執行されていれば答えるが、そうではない場合、本人の同意がなければ答えられないと返答する。個人情報にやかましくなってきた時代でもある。警察といえどそう簡単に答えることはできない。

「わかりました……。では来週にでもお会いできませんか？　私らが直接伺います。なお、申し訳ないですが、私らがこうした問い合わせをしたこと、行くことはどうかご内密に願います。またご連絡させて頂きます」

丁重ではあるものの有無を言わさない口調だ。私は、こちらからその担当者のいる所轄署である警察署に出向き、本業である記者らしく事件の概要を聞いた。

「――児童ポルノ、これをインターネットのソフトを使って、広く大勢の人に閲覧させた。公然わいせつ。かなりの数です」

事件の概要がわかり、私は全身から力が抜けていくのがわかった。警察署内のロッカールームの空いたスペース。そこに事務机とパイプ椅子が向かい合って置かれている。どこか刑事ドラマで見る取調室を彷彿とさせる。ないのは電気スタンドくらいだ。

あらためて私は、この担当者である刑事さんから「ガサ状（家宅捜索令状）の発行は明日」

「本人がいない場合は、大家の立場で立ち会ってほしい」「合鍵持参で来て欲しい」と言われた。

そして、証拠品を押さえると同時にキップ（逮捕状）も出る算段なのでそのまま上場企業氏の身柄を拘束、つまり逮捕することを伝えられた。

「この通帳で間違いない――ですね？」

静かな極めて事務的な口調で刑事さんが私に、上場企業氏の銀行預金通帳のコピーを見せる。私は、ここでふと思う。もし、これを話せば、エクストリーム大家として入居者を守れなかったと思うのではないか。すでにガサ状だのキップだのが切られている状態だ。私が黙っていても事件に影響はないだろう。私は黙秘した。

「この通帳ではない？　違う？　間違いないのでしょうか？」

私は答えなかった。そのまま刑事さんからはこの預金通帳については、もう何も言われず、淡々と、こう告げられた。

「ガサ入れは明日。○月×日朝7時です。時間をかけて徹底的にやります。もしよろしけ

れば お迎えに上がりましょうか」

私は、なるだけ表情を変えないようにして、「令状を見せて頂ければ、それには従います」と答えた。刑事さんが淡々と何かをメモしていた。

ガサ入れ当日、普通乗用車のような覆面車両に乗った警察官が私を迎えにやってきた。入居者の預金通帳については答えなかったが、理不尽な扱いをされたり、嫌なことを言われたりといったことはなかった。その扱いは、行政機関がゲストに対し、極めて事務的に対応するといった感じだった。

物件に朝6時45分頃に着く。10人くらいの私服警察官がいる。私は警察車両の中で待機していた。上場企業氏本人がドアを開けると令状を提示し、それから警察官が入るという運びである。

上場企業氏がドアを開ける。私はこの時点でお役御免となった。だが、やはり気になる。上場企業氏の部屋の中も見てみたい。私は捜査員に「大家の立場で立ち会いたい」と言い同行した。その際、「中のものには触れないで下さい」と注意された。

中に入ると、離婚したとはいえ元の奥さんや子どもが遊びに来ていたこともあるのだろう。ごく普通の家だった。しかし上場企業氏が寝室として用いていたのであろう六畳間からはデスクトップのパソコンが4台、そのほかフラッシュメモリーだったか、夥しい数の記憶装置が段ボール箱に詰められて押収されていくのがわかった。ほかにも預金通帳などもあった。

その間、別室で上場企業氏が刑事さんから話を聞かれ、そのまま車に乗せられていく。私も刑事さんから、「もう大家さん、いいですよ」と言われ、そのまま帰りは最寄りのバス停から公共交通機関を利用して帰宅することにした。

入居者釈放後に勃発した近隣住民とのバトル

ガサ入れからしばらくしたある日、私は上場企業氏と面会した。

「あっ、大家さん、この度はご迷惑をお掛けして――」

手錠、腰縄姿で面会室に入ってくるなり上場企業氏は私にこう挨拶する。

「いや、ええんやで。こういう事情やから、俺はあんたを庇うことができんかった。せいぜい預金通帳とか、あんたの個人情報に口を割らんかったくらいかな。俺があんたにできたことは。ごめんやで」

こう返す私に、上場企業氏は若干の疲れを顔に浮かべながらも微笑みを絶やさず、次の言葉を継ぐ。

「肌着とご本、ありがとうございました」

この前日だったかに私が差し入れた品の礼を恐縮そうに述べる。

私は、「いやいや、いいんよ。こういう場やから肌着はね、いろいろ便利やと聞いたから……」と応じる。ここまでは、いわば上場企業氏と私の間での話の前振りであることは、互いに言わずともわかっていた。

たしか、留置場の制限時間は20分と聞いていた。もっとも弁護士からは「15分くらいだと思っておけ」と言われていたので、本当に伝えたい要件を伝えなければならない。

「それで今日、お会いした件なんだけど……、どうする？　うちの家？」

――この面会から遡ること数日前、この上場企業氏の事件は全国ニュースで報じられていた。地元メディアにはその詳報が出ている。

これに近隣の自治会が反応した。そのなかでも噂好きな自治会の顔役が騒ぎだした。簿記や宅建資格を持っていることから、周囲から「ちょっとしたインテリ」と持ち上げられている70過ぎのおばあちゃんだ。「こういう人物が街にいることはけしからん」と、わざわざ事件を伝える新聞記事コピーを近隣に配布していた。そして自治会を挙げて上場企業氏の立ち退きを求める署名運動を始めたのだ。
この時点でその話が上場企業氏に伝わっているかどうかは私にはわからなかった。そして事件の詳報がメディアに出たタイミングで、私はこのおばあちゃんに呼び出され、あれこれと苦情を言われた。時間にして約2時間である。私はくどくどと文句を言われながら、自分がキレるタイミングを窺っていた。

「どうせ、こういう人に家を貸して大儲けしようとしてるんでしょ？　あなた株の本とか書いてるもんね！」

この言葉を反撃開始のタイミングと私は捉えて、一気にまくし立てた。

「立ち退き運動をされるのはご自由ですが、逮捕された――その一事をもって、出ていけ、立ち退きだのなんだのは行き過ぎでしょう？　もし冤罪ならどうされるのですか？　どう責任を取られます？　あなたが旗を振っているこの運動が原因で、うちの入居者がうつを患ったり、自殺でもしたら、どう責任をお取りになられるんですか？　上場企業氏のご家族からあなたが訴えられることになりますが……」

自治会の顔役であり、お局的立場のおばあちゃんの表情が心なしか変わる。反撃が効いたようだ。私はさらに畳みかけた。

「**私はご存じの通り文筆家、マスコミ記者の端くれです。うちの入居者にもしものことがあったら、東京のマスコミは一転、あなたを攻撃しますよ。犯罪の嫌疑がかかっているというだけで、その記事をコピーして配り歩き、挙げ句、立ち退きの署名運動となると、これに署名した人も巻き添えになります。いいんですか？**」

70歳を超えた老女相手に、ちょっとやり過ぎたかなと思う。

だが、ここで妥協できない。なぜなら、エクストリーム大家のプライドとして入居者はどんなことがあっても体を張って守らなければならない——子どもの頃、私の亡き母がよく話していた言葉である——それを私は思い出していた。

そもそもうちの物件に入居する人は身寄りがない、そして社会で行き場のない、普通に人として生活する空間を借りられない人たちである。その彼らから相場よりやや高めの家賃を頂き、それで生活をしている私のようなエクストリーム大家だからこそ、こうした入居者が危機に陥っているときこそ、かなりの無理筋でも寄り添い、ときに一緒に闘わなければならないのだ。

「いや、そんなことゆうたかて。自治会の人たちは皆、気持ち悪がってるんよ！」

顔役のおばあちゃんが私に反論する。後ろには自治会の人が数人控えている。

「そこまで仰るなら、私は大家として入居者の命と安全な生活を守る責任があります。犯罪の嫌疑があるだけで退去なんてさせたら、それこそ人権問題ですよ。そうなると東京のマスコミは、あなた方を攻撃することになるはずです。いいんですね！」

おばあちゃんが、黙って私を睨んでいる。

「もう一度言いますね。あなた方がしているこの署名活動と、わざわざ上場企業氏の経歴や名前を手書きで付け加えた新聞記事のコピー、これが原因で上場企業氏が自殺でもしたら、その責任はあなた方だと世間は思いますよ。それでよろしければ――」

こうまくし立てる私におばあちゃんが、一転、私に媚びるように言う。

「だって新聞に書いてあるし、とにかく出ていってほしいんよ……」

私は、「それとこれとは別問題でしょう？」と応じつつ、こう切り返した。

「どうしても出ていかせろというのなら裁判起こして頂けますか？　それができないならこちらから、こうした運動で迷惑したと裁判を起こして、東京のマスコミで記事にします。そうしましょうか！」

誰しも裁判など避けたいものである。このおばあちゃんも、何か言いたそうな目で私を見ながら、憤懣やる方ないといった様子で私の前から去った。

翌日、同じ町内に住む海上保安官の妻という方から電話を頂いた。この署名運動について「あれはやり過ぎやと思っている」と前置きし、こう続けた。

「まだ逮捕されただけですからね……。そんなことといえば交通違反でキップ切られた人も犯罪者。町や家から出ていかなければならなくなる。おかしいですよ」

案外、地域住民の方は冷静なのだなと思ったが、そんなことがあってからの上場企業氏との面会だった。

今後、うちの物件に住み続けるのか、それとも出ていくのか、それを聞きたかった。もし出ていくとなれば、次の入居者の客付けの準備をしなければならない。ハウスクリーニングも必要だろう。そうしたカネ勘定もある。正直、地域住民による署名運動など関係なく、性犯罪である。

それに事前に警察からは、「上場企業氏本人が罪をすべて認めている」と聞いている。ならばあの家に戻るのは現実的に難しいと私は思っていた。

そんな私の内心を知ってか知らずか、アクリル板越しの上場企業氏は言う。

「大家さん、私ね、退去しませんよ。ずっといますわ――」

思わず、私は、「えっ」と声をあげた。その後、私がどう言ったかあまり覚えていない。でも上場企業氏がこう言ったことはよく覚えている。

「いや、別にそんなにね、ご近所付き合いってないし。あの家は環境もええしね。大家さんさえよかったら、このまま住まわせて下さい。というかね、契約では逮捕されたら退去なんていう条項もありませんよね?」

「ないよ。まあ、まさかこういうことが起こるて考えてもなかったけど」

「そしたら引き続き、よろしくお願いします！」

面会時間はまだ残っている。ふと、「実は反省してない？」という問いをフリーライターの立場で聞いてみたいという衝動に駆られる。それを察するかのように上場企業氏は言う。

「バレへんようにやってたんですけど、バレるもんですね」

ふたりで大笑いする。背後で監視する警察官が露骨に嫌な顔をしたのがわかる。

「いやね、離婚したのも実はこの趣味がね、まあ遠因なんですわ……」

私は、「そうでしょうね」という言葉を呑み込み、こう問うた。

「大人の女性は興味ないの？」

警察官が、「ちょっと」と制止する。そのタイミングで面会時間が終わりだった。

「大家さん、その話は出てから――」

罰金刑で済んだ上場企業氏は、社会復帰後もうちの物件に帰ってきて住んでくれていたが、この事件を契機に会社を辞めたこともあり個人事業主となった。

もともと仕事ができるほうだったのだろう。上場企業勤務時よりも収入が増えたのか、やがて新築マンションを購入して退去していった。

より良い環境で羽ばたく円満退去はエクストリーム大家としては嬉しい限りである。

紹介したように、ネットでの客付けは過去にいろいろあったにせよ、家賃滞納リスクは極めて低く、それこそ不動産会社の仲介で入居するごく普通の人と比して何ら違いはない。

ただ、強いて言えば、やはり何かあった人だけに、思わぬ落とし穴があるのはたしかだ。

実際、入居には至らなかったが、一部上場企業勤務や公務員で金融ブラックの人もいた。理由を聞くと、概ねギャンブルか女性といったところだ。

一旦それまでの生活をリセットすべく、新たな生活を求めて、私のようなエクストリーム大家を頼る。なぜか。先に触れた児童ポルノで捕まった上場企業氏は言う。


「市営や県営住宅、URには住みたくないんです――」


家賃1万円以下から住める物件もある公営住宅は、本来、エクストリーム層に位置する人たちにとってはとても魅力的な物件だろう。

しかし、ここで触れた医師や上場企業氏のように、本来はホワイトカラーに位置する人たちが何らかの理由でワケあり層に変わってしまった際、そうした公的な物件に住むことは心理的な抵抗が大きいようだ。

勢い、エクストリーム大家としては、ワケありだが「安定した収入がある」という、黒にも白にも近いグレーな人たちを想定顧客としたいところだ。すなわち家賃滞納リスクが極めて少ないからだ。

ただ、予想外のトラブルに巻き込まれることがある。でも、それはごく一般の入居者でも同じではないだろうか。

ネットでの客付けはアリだと私は考える。ただし、紹介者も何もない状態なので、やはり不安は大きい。その分、入居前の審査、すなわち面談に時間をかける必要がある。

濃いキャラの入居者と出会えるＮＰＯ経由の紹介

どんな大家でも、入居者がどんな人か不安になるものだ。そうした不安を少し和らげる客付けが行政やＮＰＯからの紹介だ。この方法だと対面前から概ね、どういった人なのか、ある程度の情報が寄せられる。これでかなり大家側の心理的負担が軽減されるのだ。

ただしネットでの客付けとは違い、収入面で不安のある人が多いというのが率直なところである。もっと踏み込めば、ネットで客付けした入居者に比べて、「想定外のトラブル」「トラブルとは言えない些細な違和感・価値観の違い」が、とても大きいのだ。

ネットで客付けした人たちが、いわゆる金融ブラックに見られる何らかのトラブルで、一時的に不動産物件を借りられないといった人たちであるのに対し、行政やNPOからの紹介された人たちは、有り体に言えば、大変な境遇の背景を背負っている人たちと言えばいいだろうか。

以前はそうした人たちが背負っている境遇は若干異なっているところもあった。今から10年くらい前であれば、行政からの紹介のほうがNPOよりも多様性があるとでも言おうか。一見、ごく普通の会社員だった人がリストラされて、頼るところがなく行政に駆け込んだ——という人もいた。一方、NPOからの紹介だと刑務所から出たばかり、ホームレスだったが年齢も高くなり、寄る年波には勝てず、ようやく家を借りて住もうと思うようになったといった具合だ。

だが、近年その境目がなくなりつつある。あくまでも私の体感だが、時代が進んで行政とNPOの連携が密になり、行政に「生活保護受給の方でどなたか物件をお探しの……」と営業をかけると、そのほとんどが、「どこそこのNPOさんにご連絡して頂きたい」と言われたり、そのまま繋いでくれたりする。

本章の冒頭部でも紹介した町内の掲示板が直接、個性豊かな入居者と出会える確率が高いのに対し、行政やNPOからの紹介は、そんな個性豊かで濃いキャラの入居者を行政やNPOが連れてくるというイメージだ。

いずれにせよ、エクストリーム大家としてもっとも大事な入居者と繋いでくれる組織であることには違いない。

さて、大家業を営む人からよく聞かれることがある。「どうやって行政やNPOに食い込んだのか」と。

正直なところ、私自身は食い込んでいるという意識はない。むしろ〝食い込んでいる〟のは、それこそ町の不動産屋さんだろう。彼らは一定規模の法人で行政からの信用も厚い。定期的に区役所を訪れ、行政から情報収集もしている。

では、私のような大家（ひとり親方、法人格こそ持っているけれども、その実情は個人事業主）が行政やNPOを用いて客付けしたのか。

縁を紡ぐには、まず動く。数を当たればそれがいつか繋がっていく――。

「あの、もしもし。私、オフィスあんずの春川と申します。主に生活保護受給者の方に不動産物件の貸し出しをしておりまして。何かお役に立てることがございましたら……」

あるNPO法人に初めて電話した日のことを私は今でもはっきり覚えている。

ネットや行政が発行している資料などをかき集め、主にホームレス問題や老人介護、住居問題に取り組んでいるNPOに、まずは片っ端から電話した。

最初に電話をかけたNPOが「Z」だった。電話に出たのは事務局長だと後で知った。とても品のいい、私よりも少し年上の女性であることが電話口から伝わってきた。

「どういう物件をお貸しされてるんですか？」

上品な関西弁というか神戸弁のアクセント。私は事務的に、昭和の団地や古いマンション、そして当時所有していた郊外の戸建てについて説明し、家賃などの条件面を話した。

「どうして……普通の大家業をなさらないのですか？」

なぜエクストリーム大家をしているのか。これは誰からもよく聞かれる質問だ。私は用意していた回答を一気にまくし立てた。そして会社の来歴というと大袈裟だが、亡き母がそうした業を副業として営んでおり、それを継ぐ格好になったことなどを話す。

「それはそれは……。素敵なお母さまね。そう。では、今度、うちの会合とかセミナー、いらっしゃいよ。そこであなたにとって役立ちそうな人たちをご紹介できるから」

こうして「Z」主催のセミナーに参加した。そこでは別のNPOや保護司、市や県といった行政関係者らの人脈が一気に広がった。

「時間のあるとき、またいらっしゃいな。ご紹介できる人もいると思いますし、うちでも

あなたに何かお願いすることもあると思いますから」

事実、何人か紹介してもらった。「Z」事務局長のお姉さんからの紹介で、「Y」の事務を担当している若手職員にも繋がった。正直なところ、私のNPOへの営業は、この最初の「Z」を軸としたネットワークで事足りている。

以来、折に触れて「Z」や「Y」にメールや電話で近況を報告。ときにこれらNPOが主催するセミナーのうち居住支援に関するテーマがあれば参加させてもらい、その後の懇親会に参加することもある。

強いて言えばこれらの活動が営業なのかもしれない。本当にこれだけなのだ。

行政のほうも似たようなものだ。空室が出た。客付けしなければならない。役所に電話しよう――繋がった、それだけである。

役所に足を運んで入居者が決まることもある

実際、行政のほうは担当が何年かごとに代わっていく。営業活動が奏功し、それなりの関係性ができたとしても、すぐに切れてしまう。後任の人に引き継いでもらっても、その後任者とは相性が合わず、いつしか関係が途切れてしまうことも珍しくはない。なので、私は行政には必要なときにしか営業を行わないことにしている。

先でも触れたが、現在、行政とＮＰＯは密に連絡を取っているので、大家が直接訪ねてもあまり意味がないのだ。コンプライアンスに厳しい昨今、行政側も特定の業者（大家）の客付けを手伝うわけにはいかない。だからＮＰＯをかますようになったのだろう。

それでも行政とはなんのパイプもないというわけではない。一度、飛び込み営業さながら電話をしてアポを取り、チラシを持参したことがある。受け取ったのは課長職くらいの職員だったが、このチラシを部下と思しき職員に、「これ、どう？」と渡す。その職員はチラシを一瞥。そして私に向かってこう言った。

「行政としては何も言えません。でも、私が面談している人にこれを見せてみます。もし本人が気に入れば本人に連絡させます」

私は、「わかりました。よろしくお願いします！」と答えると、こう返ってきた。

「あのね……、独り言だけど、この物件ね、ペット可にならへん？　そしたらいけそうな人おるんよ。急ぎでね」

結局、このときの話はまとまらなかったが、犬も歩けば棒に当たるではないが、行けば行ったで何とかなるものだと。話をまとめたければ、まず数を当たらなければならない。

それを痛感した。これはごく普通のビジネスでも同じなのかもしれない。

住所がなければ行政サービスをなかなか受けられない——。

過去にはこんなこともあった。ホームレスで手持ち資金は１０００円程度。ひとまず役所に飛び込み、「生活保護を受けたい」と告げた。

まず住所を確認される。住民票がどこにあるか。なんらかの事情で住所不定であれば、生活保護を受けるためにはまず住所を決めて住民票を作らなければならない。

住所不定の人が生活保護受給を求めて役所に飛び込んだならば、まず家を決める。そこで出番なのがエクストリーム大家だ。

「今、住所不定のホームレスの人が……」

でも、行政がいきなりエクストリーム大家に連絡し、家を探してやるというのも変な話だ。なぜなら公営住宅がある。わざわざ行政が民間の家賃割高なそれをあっせんするのもおかしい。

そこで登場するのがＮＰＯ。そしてＮＰＯ経由でエクストリーム大家が出現する。

「この物件、どうです？　静かで綺麗で。電子レンジに冷蔵庫もありますよ——」

行政は「いい条件だからここに決めたら」とうちの物件を勧めたとNPO関係者から聞いた。NPO側も喜んでいる。これで話がまとまるかに思えた。

だが、結局、まとまらなかった。

生活保護受給を求める、ホームレスの入居希望者の男性はこう言ったそうだ。

「静かな住宅地や。あかん。酒場に近いとこでないとワシ、寝られへん」

結局、この年配男性はあちこちのNPOを頼り、ネオンがチカチカする物件を探して入居したそうだ。

こんな濃いキャラの人たちと出会えるのが行政やNPOからの紹介である。

そうした人たちは、たしかにネットで客付けした入居者に比べ収入面で家賃滞納リスクの不安がある。しかしその背後には行政がついている。

紹介されたときはホームレス。でも入居して住民票を取れば、行政サービスが受けられる。家賃は行政からの扶助で賄われる。

こうしてみると生活保護受給者の入居は、行政に物件を貸し出していると思えば、とても安定した収益分野と見なすことができよう。

だが、今でも多くの大家は、この生活保護受給者に家を貸し出すことを嫌う。やはり生活保護制度やこれを受けている人への偏見が大きいのだろう。いや、それ以上に、今では生活保護受給者の方には、とても濃いキャラの人が多いことを、ネットやマスコミなどで見聞きしているからだろう。

私自身、マスコミで長く仕事をしているせいか、大抵のことは興味深く、そしてどんな状況でも面白おかしく楽しむことができるほうだ。その私でも、この行政・ＮＰＯから紹介された人たちには、正直、手を焼くこともしばしばだ。

そんなＮＰＯから紹介された入居者の実情にも少し触れておこう。

生活保護を受給する「予定者」を入居させる

空室が出たので、懇意のＮＰＯに声掛けをした後、１週間くらい経った頃に紹介されたのは30代後半の女性だった。

「彼女はなかなか光るモノを持っているので……素材としてはいいですよ」

小学校時代に酷いいじめに遭い引き籠もりに。中学校はほとんど不登校。高校は通信制を中退。かつての大検（大学入学資格検定、現在は高校卒資格検定）で高卒資格はあるという。

いじめられた理由は、おとなしい性格にあった。加えて彼女自身の特性、言い換えれば才能にあるとＮＰＯから説明を受けた。

「彼女は2歳の頃からヴァイオリンを習っています。それで絶対音感があるんです」

この絶対音感ゆえに、彼女は小学校高学年くらいから人が話している言葉や周囲の雑音、そのすべてがドレミファ……の音階に聞こえてしまうようになったという。

絶対音感などない私からすれば、周囲のすべての音が音階に聞こえてしまうという彼女の世界はさぞ楽しいだろうと思う。

だが、本人にとっては一般人が想像も及ばないような苦労があるそうだ。

「とにかく疲れるのです。大人になってかなりマシにはなりましたが……」

べちゃっとした口調でゆっくり話す彼女を見れば見るほど、失礼ながら、「これは小学校、中学校でかなりいじめられただろうな」と誰もが見てとれると思った。

すでにご両親を看取り、今はひとり暮らし。パートナーはもちろん友人の類などいない。ヴァイオリンは弾けるがプロの演奏家としてやっていけるというほどでもない。ヴァイオリン講師として人に教えるスキルもない。もちろんほかの仕事ができるわけでもない。

そんなこんなで行政サービスの網にかかり、新たに家探しとなったわけだ。たまたま私の物件が空室だからというタイミングが重なり、引き合わされたという次第である。

なぜうちに来たのか。別に生活保護受給者というわけではない。収入面では亡きご両親から相続した遺産がある。その額は３００万円程度だという。
ただし、遺産の管理が自分ではできないという事情があった。事の経緯や詳細はわからないが、縁遠い親戚が委任した弁護士が管理しているという。行政からの紹介でＮＰＯが日々の面倒を見ているというわけだ。

「そういう事情なので、お家賃の面では心配は要らないんです」

懇意のＮＰＯ職員女性が目をキラキラ輝かせながら言う。

「今、彼女は精神障害者（保健福祉）手帳を持っています」

それが何を意味するのか、最初、私にはわからなかった。

「生活保護受給の要件を満たせば、即、受給できます」

何が言いたいのか、察しの悪い私には理解できない。重ねて問うた。「どういうことですか？」。するとＮＰＯ職員女性は、噛んで含めるようにこう言うのだ。

「しばらくは遺産で生活します。お家賃はそちらから出します。それが尽きたら生活保護受給に切り替えます」

一種の〝青田買い〟といったところか。家賃滞納リスクはない。それにこのときの物件は郊外、それも正直、あまりアクセスのよくない立地にある郊外の戸建てだった。普通に客付けしてもまず入居者が来ない。私は何が何でもこのヴァイオリンのお姉さんに入居してほしくなった。

数日後、入居が決まった。入居後、しばらくしてヴァイオリンのお姉さんから私のところへ直接、電話が来た。声の様子からとても苛立っている、パニックになっている様子が窺えた。

「あの？　大家さん、水道管から水漏れがあるみたい、8分の6拍子で気持ち悪いリズムです。耐えられません。私の演奏に狂いが出てきます」

別の日には、こんな留守電が残っていた。

「近所の人が歩いています。その足音が4分の2拍子です。メトロノームだと50くらい。遅くて。いらいらします」

とくに近隣住民とトラブルがあったわけではないが、こうした音のトラブルでのクレームを最低でも3日に一度は入れてくる。一度電話を取ると、1時間はずっと話しっぱなしで、音の源の〝修繕〟を求めてくる。大家としてはどう対処していいかわからず、ちょっとキツかったのは事実である。そうこうしているうちに、2年が過ぎ去った後、このヴァイオリンお姉さんにさらに郊外へと引っ越していった。

行政・NPOからの紹介で入居した人たちのうち、大半を占めるのは生活保護受給者だ。そのなかでも自己破産をした人や刑務所帰りといった人たちは、ひと癖もふた癖もある。

もっとも、そうした人たちが引き起こすトラブルは概ね、自らのプライドが傷つけられたことが原因であることが多い。これは最近になって私も理解できるようになった。

たとえば、何度も刑務所に出たり入ったりする自称・元ヤクザの場合、住民自治会の清掃当番でもないのにこれを買って出て、近隣住民からやんわり断られたことに怒って相手を殴りつけ、警察に引き渡された。

「電磁波攻撃」を受けていると思い込んでいるおばあちゃんの場合、旅行で買ってきたお土産を近隣住民に渡したときに「こんなことしなくても……」と遠慮されたことにキレた。「折角、私が買ってきたのに」と激高し、同じく警察沙汰となった。

こういう具合に、どこか自己肯定感が低くプライドが高い。だからこそ傷つきやすい人たちである。

加えて、先に触れたヴァイオリンお姉さんのように、絶対音感という才能があるがゆえに苦しむ人をはじめ、何がしかの特性だろう。「自分の臭いが異常に気になる」「光が嫌」「電気掃除機、洗濯機の音が怖い」といった苦悩を訴える入居者も増えつつある。

ひと癖もふた癖もある人たちへの対応ノウハウを知ってこそ、大家として快適に過ごせる住居を提供できるのだ。具体的に対策・対処ができれば入居者と大家はいい関係になれる。次章ではさまざまな入居者について紹介していこう。

第3章

Chapter 3

入居者たちとの ヤバくて熱い日々

高学歴で身なりの良いシングルマザーが訪ねてきた！

誰が言ったか思い出せないが、こんな言葉がある。

「強さの真逆に位置するのが弱さ。だからもっとも弱いことは強いことと同じである」

そこそこ力を持っていると最弱にはならない。ゆえに最強ともならない――。

私が日々付き合っている入居者たちは、社会的には弱者ばかりといえよう。生活保護受給者や金融ブラックならまだいいほうだ。

なかには、令和の時代にあっても手厚い福祉の網から漏れ、家を借りることすらできない人もいる。その最たる例が「グレーゾーン層」だ。そこそこ収入があり、生活保護を受給できない人たちである。

うちの入居者のケースだと、パートタイム勤務で生計を立てているシングルマザー一家がいい例だろう。真面目で一生懸命働き、子どもを養っている。間違いなく貧困世帯ではあるのだが生活保護は受給できず、行政からの庇護が受けられない。

こうした人たちは家を借りる際、もっとも苦労する。私のところにもかつてそんなシングルマザー一家の入居者がいた。

そのシンママは、懇意にしているＮＰＯの関係者から紹介を受けた。聞けば、関西の有名私立大学卒。新卒後、航空業界を中心に働き、20代後半で有名企業勤務の男性と結婚。専業主婦で男の子と女の子、ふたりのお子さんがいるという。まさに絵に描いたような幸せいっぱいの家庭。順当に人生のレールを踏み外さずに歩んできた人に違いない。

率直に告白すると、このシンママを紹介されたとき、私は「けっ」と、何とも言えない嫉妬にも似た感情を持ったものである。

さらに、そんな恵まれた経歴の持ち主なら、結婚後にビジネスの実務から遠ざかっていたにせよ、食べていくには困らないくらいの仕事や職がすぐ見つかるとも思った。

私のような、属性を問わず誰でも借す大家の物件にまずは〝腰掛け〟として住み、そこからＮＰＯの付き添いの下、生活保護の受給申請に行く算段なのだろうか。となれば、答えはひとつ。「働きたくない人」なのだろう。

あるいは、生活保護を頑として受け入れず、自力で生活を立て直そうと頑張っている人なのかもしれない。ただ、それならなぜわざわざ私のところにやってくるのか。

入居時に敷金や礼金、保証金を取らない大家にとって、こうした「長居しそうにない客」は、正直言って利が薄い。

短い期間での退去でも、シャワートイレの交換やハウスクリーニング代金などで少なくとも10万円近い出費となる。家賃5万３０００円の物件で1年未満の入居期間となると、その出費は痛いものである。

それならば敷金や礼金、保証金を取ればいいと思う読者もいるかもしれない。しかし、それらを取ると、私が提供するような激安ボロ物件を借りようという向きはまずいなくなる。エクストリーム大家にとってありがたいのは「即入居。家賃を飛ばさず、長く住む」だ。

このシンママの場合、どういう背景や目的があるのか不明な点が多いことに加え、収益性から見ても扱いにくい属性の人である。できるならご遠慮したいというのが、当時の私の偽らざる気持ちだった。

ＮＰＯ関係者の付き添いでやってきた、そのシンママとふたりの子に引き合わされたとき、私の想像は大きく裏切られた。

ふたりの子は仲良く手を繋いでいた。上の男の子のもう一方の手はシンママの手をしっかり握っている。なるほど高学歴ママとその子どもたちの格好も身綺麗だ。だが、シンママの顔を見て、私は言葉を失った。

「大丈夫ですか……」

初対面の挨拶である。本当なら、ここは「初めまして」と言うべきなのだろう。だが彼女の目の周りは青あざ、頬は赤く腫れている。露出が高いというわけではないが、肌が露わになっている箇所には至るところに殴られた痕かと思われる傷が無数ある。髪は中途半端に刈り込まれている箇所もある。そこには、どうやったらそこに付くのかか想像もできないような裂傷も確認できた。

「急いでいたので……詳細をお話しする前に会って頂いたほうがいいと思いまして」

シンママより先にＮＰＯ関係者が口火を切った。

「仰って頂ければよかったのに……」

私はＮＰＯ関係者に、「なぜ、この状況を前もって教えてくれなかったのか」という含みを言外に持たせて聞いた。

「子どもとの話し合いというか……、私の決断が遅くて。申し訳ございません」

典型的なＤＶ（ドメスティック・バイオレンス）からの逃避家族だった。説明を聞くまでもなくわかった。

エクストリーム大家としては、こうした事情を把握することも大事だ。だが、それ以上に私にとって大事なのは、この目の前にいるＤＶ逃避家族に家を貸し、その家賃を回収できるかどうかだ。再三再四繰り返すが、温情や社会貢献という志だけでは大家業はできない。経営を成り立たせなければ社会貢献など絵空事に過ぎないのだ。

シンママに家賃を支払うアテはあるのか、今後どうするのかなどなど私は事務的に訊いた。下世話な詮索や物言いにもかかわらず、こちらの意図を瞬時に察しテキパキと答えてくれる。日頃、私が相手にしているワケあり入居者と違い、やはり高学歴できちんとした教育を受け、社会経験のある人だけはある。

今、所持金はほぼないが150万円ほどの預貯金はあるという。預貯金があるので当然、生活保護は受給できない。当面の生活費は預貯金を取り崩して捻出し、そのうえで仕事を探すという計画だ。NPOの伝手で仕事の目途もほぼついているという。

「お願いします。なんとか入居させてあげて」

NPO関係者が私に頭を下げる。

正直なところ、こうした入居者はちょっと困るのだ。なぜなら「きちんとしている人」だからだ。そういう人は、入居してから素早く生活を立て直し、すぐに円満退去していくからだ。何かもっともらしい理由をつけて、なんとかこのシンママ一家の入居を断ろうかと思った、そのときだった。

「どうか入居させて下さい――」

シンママが部屋で土下座する。子どもたちにもそれをさせる。土下座の意味がわからない下の子が笑顔で正座してママがしているのと同じように額を床にこすりつけている。

ＮＰＯ関係者からも「お願い……」と再度、頭を下げられる。

ここまでされると私でも断れない。

採算をどう取るかはこちらで考え、シンママと後で話し合うとして、ひとまずうちの物件に入居してもらうことにした。

入居後、私はＮＰＯ関係者とも話し合い、家賃は5万３０００円だが入居後6か月間は、そのうち3万円のみの支払いで猶予することにした。残額となる13万８０００円は、6か月目以降、利息なしで分割か一括払いで払うという条件だ。おそらく、このシンママならなんとかなるだろうし、するだろうと思ったからだ。

加えて最低3年は入居していてほしいという条件も付け加えた。もしそれ以前に退去した場合は、退去料として20万円を頂くということで折り合った。

そして半年後。13万８０００円が私の口座に振り込まれていた。仕事も順調だという。

それから半年、１年後、さらに1年後……と、いつしか約束の3年間が過ぎようとしていた。

おそらく退去するだろうと思っていた。次の入居者の客付けの段取りに取り掛かろうとしていた矢先、件のシンママからメールが届いた。その内容を要約すると次の通りである。

〈お世話になっております。家の件ですが、このまま継続して住むことは可能でしょうか。また、それにあたって私のほうで内装をリフォームしたいので、その許可を頂けますでしょうか〉

それから4年、気がつけばもう7年、ご入居頂いている。採算は十分取れた。入居者負担でリフォームもしてもらった。

こうしたグレーゾーン層は採算面で不安も大きいが、このシンママのケースでは、大家としては大成功といえよう。

一度、クリスマスにNPO関係者と一緒にこのシンママ宅のホームパーティに呼んでもらったことがあった。ただ、こうした入居者との触れ合いは、正直、私の母が大家をしていた時代ならいざしらず、令和の今、とても珍しいというのが現実だ。

ほかにも入居者にまつわるエピソードはごまんとある。ワケあり層の実情をここではあますところなくお伝えしていこう。

クスリで逮捕歴のあるシングルマザーの場合

エクストリーム大家をしていると人を簡単に信用できなくなる。

先に触れたシンママとは別のシンママのケースでは、先の例と同じくNPO関係者に付き添われて、「絶対に家賃を飛ばすようなことはないから」「一刻も早く生活を立て直すから」という触れ込みで、入居の申し出があった。

もっとも、このシンママは「生活を立て直す＝生活保護受給を申請する」というケースだった。まだ3～4歳のお子さんがひとりいた。親子で空室となっていたうちの物件で入居審査を兼ねた面談を行った。

まず目が行くのは服装だ。関西という土地柄と言ってしまえばそれまでだが、ヒョウ柄のセーター、黒のタイトミニのスカート、恐らくひざ上10cmでは済まない短さだ。アクセサリーはシャネル、バッグはルイ・ヴィトン、フェンディとブランドものがジャラジャラと統一感なくまとわりついている。

何をもって世間というかわからないが、それでも世間一般の基準に照らせば、「ちょっと鬱陶しい手合い」であることはたしかである。

「ストレートに聞くね。あなた、お仕事は？　家賃は大丈夫？」

こういうタイプの人にはビジネス用語や敬語を使うと舐められる。私がエクストリーム大家をしていて得た経験則である。誠意を持って、相手に敬意を払って接すれば接するほど、こういう人たちは「こいつは私の言うことを聞く人間だ」と理解する。やがて、それは「小さな無理」を言うようになり、いつしかこれが「大きな無理」へと繋がっていくのだ。

例を挙げよう。家賃を支払えない場合、「来月にまとめて」「再来月にはなんとか」といった具合だ。ほかにも戸の立て付けが悪い、給湯器が壊れているなどなど、賃貸物件の入居者にとって当然の権利ともいえるが、なかにはそうではないものでも、些細な理由をつけて無理を言うこともしばしばだ。

一度、無理を聞くと、さらにその次、次はもっと……となる。一度、頼みを聞き入れ、その次に断ると態度が豹変する。昭和のヤクザまがいの物言いで恫喝してくるのが通例である。

だから、まだ入居するかどうかわからない段階での対面時に、第三者から見れば、ともすれば横柄と思われる言葉遣いをあえてするのである。

「あっ、うん、仕事は、まあお水とか、清掃とか、できることはいろいろ……」

どうも宙を見ているような目、何事にもはっきりしない物言い、言葉遣い。正直、このシンママを入居させるなら、生活保護の受給を条件にしないと難しいなという直感が働く。しかし、これは裏返せば、「受給さえ認められたらいいお客さん」ということになる。私は、このシンママを人としては正直あまり好きになれないが、入居するお客としてはいい属性だ。まだ話らしい話もできていないが、それでも入居させようという方向に気持ちが傾いていた。

「ねえ、あなた、もしかしてハッパかクスリ、やってたんとちゃうの？」

たまたま同席していた私の妻が話に入ってきた。入居希望者が女性であることやＮＰＯの担当者も女性だったので、なんとなくこの日は妻を同席させていたのだ。

「その件について、私からご説明させて頂こうと……」

ＮＰＯ関係者が言う。その口ぶりから決して隠していたとかではなく、話すタイミングを窺っていたという感じがした。

「お子さんが生まれる前に……」

「前（前科）があるということ……ですね。大麻ですか？　それとも薬物ですか？」

「大麻です……。今は真面目に。そこは保証いたします。はい……」

ＮＰＯ関係者と妻が話している間、当のシンママはどこか上の空という感じで天井を見つめている。

「うちは警察とちゃう。正直に言いや。あんた、今は？　ハッパだけやのうてクスリとかしてんとちゃうの？」

妻がシンママにキツい言葉遣いで問い詰める。シンママは妻を焦点の定まらない目で見ながら気だるそうに話す。

「今はやってませーん。ハッパとクスリ、一緒にはせえへんよ」

「別々にやったら、してるゆうことやないの？」

「なんで、あんたにそんなこと言わなあかんねん。家借りる話とどう関係あるん？」

なぜ、そんなことを聞くか。それはうちがエクストリーム大家だからだと私と妻は丁寧に説明する。しかし、シンママは相変わらず上の空で宙を見ている。

私はこのシンママの物言いを聞いたとき、いいお客になると確信した。

念のため連帯保証人と緊急連絡先を立てること、そして2年以内に退去した場合、ハウスクリーニング、原状回復費として家賃の3か月分を支払うことを条件に物件を貸し出すことに決めた。

このとき連帯保証人として、シンママが立ててきたのが同棲相手の男性だった。正直、この男性に連帯保証能力があるかどうか、若干、疑わしいところもあった。だが、後にこの男性のおかげで救われることになるとは、この時点では知る由もなかった。

なにはともあれ入居は決まった。決まった以上は、できる限り住みやすい環境を整えて入居を待つ――これが私の仕事である。

過去、私が付き合ってきたこの手の入居希望者は、話がまとまると即入居するケースがほとんどだ。早ければその日のうちに、遅くても面談の翌月というのが通例である。このシンママも翌月の初日に入居するという。

入居したとしても、すべてが順調に進むという期待はあまり持てない。約束を守ってくれるかどうか。ひたすら信じて待つ。待っている間、あの手この手で約束を果たさせるよう、手を尽くす。

それは私の本業である出版の世界、なかでも編集者の仕事に似ている。

ライターに商品である原稿を発注する。無事に商品が引き渡されればいいが、ライター側の甘えというか、なかなか原稿が完成しないこともある。それでも編集者はときに叱り、宥め、すかしながらライターの気分をコントロールし、商品を回収する。いわゆる原稿を取るという行為だ。

「原稿を取る」という行為は、エクストリーム大家業では入居者から「家賃を回収する」という意味と同じである。

ワケありな人たちのなかには、初対面のときは猫なで声で入居させてくれと言い、いざ入居したとなると、「ない袖は振れぬ。家賃は払わない」とゴネ倒すことも日常茶飯事だ。そんな入居者を宥め、すかし、ときに叱り飛ばして家賃を回収してこその大家業である。ただエクストリーム大家の場合、一般的な大家に比べて家賃回収のハードルは高く、未収金となるリスクが大きい。

本業ではこれまで、ライターとして編集者の視点や考え方、物事の進め方を自分なりに観察してきた。エクストリーム大家業ではいわば編集者側の立場になる。まさかその経験が、大家業で役立つスキルになるとは正直、思いもよらなかった。

出版業界では、ライターが予定していた原稿の締め切り日を守らないことは、どこか織り込み済みになっていることも少なくない。もちろん限度はあるにせよ、遅れても原稿を出せばなんとかなるし、編集者がなんとかしてくれる。

ただし、限度を超えれば「原稿を落とした」となる。雑誌媒体の場合、掲載できないという〝事故〟になる。書籍の場合、予定発売日を延期せざるを得ない。

エクストリーム大家の場合、「入居を約束したのに入居しない」あるいは「入居はしたもののそのまま行方をくらました」といったケースがそれにあたる。

大家や周辺住民から攻撃されていたワケ

話を戻すと、件のシンママは結局このケースだった。
入居予定日の数日前にシンママから一通のメールが届いた。

〈入居前ですが荷物を運びたいので手伝ってもらえませんか？〉

一見、何気ない相談に見えるかもしれない。しかし、一般的な大家であってもこの手の申し出はとても困る。入居前に家財道具を運び入れるのは、大家が提供する家屋というスペースを無料で貸すということにほかならない。大家としては死活問題だ。私は即座にメールでお断りの旨、返信を打った。

すると間髪入れず、今度は電話でこういうことを言うのだ。

「助けて下さい。助けて下さい。実は今住んでいるアパートの大家と周りの住人から攻撃されていて。大家から『すぐに出ていけ』と言われて、荷物を外に放り出されているんです」

人間とは不思議なものである。「助けて下さい」と言われると、どこか手を差し伸べたいと思うこともある。すでに大家歴が長くなっていた私でも、一瞬、「サービスで早めに入居させて恩を売ろう」と思ったものだ。

だが、このシンママが言う、「大家が外に荷物を運び出した」「周囲の住人からの攻撃」という言葉で、その気持ちは一気に失せた。

今の時代、余程のことがない限り、大家が入居者の荷物を外に放り出すことはない。仮にそうしたとすれば、そうされるだけの余程の何かがあるはずだ。ましてや他の住人からも攻撃されているとなると、なおさらである。

いずれにせよ、何らかの事情で今住んでいる家から出たい、そのための取っ掛かりとして、まずは入居前の家に荷物を置かせろということだ。

「あのさ、あなた、このまま荷物置いてうちに住む気?」

私は電話でこのシンママに問うた。

「あっ、話早い。そうしてくれるのならそうしてもらえますか?」

本業の血が騒いだ私は、このシンママがどこまで大家である私に無理難題を要求してくるのか見てみたくなった。

「それで、私にできることは何ですか？」

　ここでうっかり「わかりました」などと答えようものなら、後々、それを盾にどんな要求をしてくるやわからない。

「まずは、うちの近くのパチンコ屋、知ってますか？　そこに迎えに来てほしいんです。それから今の家に行って運べる荷物を運んでもらって……」

　ギャンブルが悪いとは言わない。だが、開口一番、「パチンコ屋に迎えに来い」で私はキレた。そして極めて冷静な口調を装って言った。

「いたしかねます。ご契約は来月初めからのご入居です。それを前もってのご入居となると日割りでその分のお家賃を頂きたく。またお迎えに上がる件ですが、急なお申し出でもあり、残念ながら……」

　ここまで私が話したとき、電話口から耳をつんざくような大声が聞こえてきた。

「もう頼まへんわ！　あほんだら！」

以来、しばらく連絡が途絶えることになる。それでもこれくらいはエクストリーム大家業では、よくある日常のヒトコマに過ぎない。

入居予定日の前日となった。鍵の受け渡しなどの件でこちらから連絡を入れた。相変わらずどこか他人事といった冷めた口調でシンママが私の電話にこう応える。

「明日ですか、わかりました。荷物は彼氏が運び込むので、そっちに連絡して下さい」

なんで大家の私が、このシンママの彼氏に連絡しなければならないのか、いささかの疑問を感じながらも、これも仕事と割り切って連帯保証人である彼氏のところに電話を入れた。意に反してビジネスライクな応対をする彼氏と引っ越し前の打ち合わせを済ませ、翌日、荷物の運び入れが終わった。

あとは毎月、家賃の回収をしていくだけである。

バックレたシングルマザーと連帯保証人の対応

家賃は当月分を月初から月末までの間に銀行口座に振り込んでもらうというルールだ。こちらの心配は杞憂に終わり、件のシンママと子どもは入居後しばらくはトラブルもなく、最初の家賃振り込み期限である月末を迎えた。

夕方、私は預金通帳を確認した。案の定、振り込みがない。早速、シンママに電話を入れ、ショートメッセージで入金催促をした。

予想通り電話も出なければ、メッセージの返信もないまま翌日を迎えた。私はシンママを紹介したＮＰＯ関係者に事情を話し、連帯保証人である交際相手の男性にも連絡を入れた。こちらも連絡がつかない状態である。

うちの場合、敷金や礼金を頂いていない。さらに連帯保証人といっても、それはあってないようなものなので、家賃を飛ばした段階で即、退去を願っている。過去には鍵を替えたり、中に置いてある荷物を外に出すようなことをしたこともあったが、時代が進むにつれて、そうしたことは今ではできなくなった。だから、まず本人か連帯保証人との話し合いの場をつくる。

家賃の入金がないまま1週間が過ぎた頃、意外にもシンママ本人からメールでの連絡があった。そこにはこんなことが記されている。

〈実は子どもが児童相談所に保護されたんです。それで忙しくて。助けてもらえませんか？お家賃もそれが片付いたらお支払いできると思います〉

日本語として理解はできる。だが、子どもが児童相談所に保護されたことと、家賃が支払える云々はどうにも繋がらない。こうしたタイプの人が、エクストリーム大家業を営んでから今日まで不思議と入居者に多いのが実情だ。

私はシンママに電話した。メール着信直後だったためか、すぐに出た。切羽詰まった雰囲気はなく、相変わらずかったるそうな物言いで「困っている」「助けてくれ」を連発する。とても話し合いにならない。

「うちとしてはまず家賃を支払ってもらわないと……。お子さんの件は気の毒とは思うけれども、それはあなたの個人的な事情でしょう？」

私がこう言うと電話はガチャ切りされた。

意外だった連帯保証人からの申し出

それからさらに1週間。私は、このシンママに貸し出した家をどうしようか思案にあぐねていた。荷物は入ったままである。本人とは中途半端に連絡が取れる。でも、本人は家にいる様子はない。このまま退去するのか、家賃を遅れながらでも支払って入居を続けるのか、そこをはっきりしてほしかった。

もちろん、ここまで属性と素行のよろしくない入居者でも、遅ればせながらも家賃を支払い、入居を続けるケースは過去にも現在でもある。

その後もシンママには何度か電話とメールを入れたがなしのつぶて。契約時に申し渡したように、こちらで荷物を処分し、退去を申し出るしかないのか……。その際の法的な問題を弁護士に相談しようと思っていた矢先、東京出張中に滞在していたホテルで私の電話が鳴った。

「私、佐藤（仮名）の連帯保証人です……」

男性はこう名乗った。シンママとは愛想が尽きて別れたこと、そのうえで家の件では迷惑をかけていると話し始めた。そして、未納家賃を連帯保証人として支払いたいと申し出たのである。

私の過去の経験では、この手の入居者の連帯保証人が自ら申し出てくることは皆無だった。大家である私のほうから連絡し、面倒くさい交渉をしてやっと話がまとまるというのが常である。元彼氏はなぜわざわざ電話してきたのか。ありがたいが疑問を抱かずにはいられない。私は興味本位で聞いてみた。

「私、自営業なんです。いろいろトラブルがあると困るので。それで、おいくらで手を打って頂けますか？」

私は、未納家賃に加え、家屋内にある荷物の搬出費用、ハウスクリーニング代を合わせて30万円と伝えた。

「わかりました。では、口座番号教えてもらえますか？　今から振り込みます」

互いに電話で話しながら、その場でネットバンキングを確認すると30万円が振り込まれた。

「これでもう互いに諸々なし――ということで。ご迷惑をおかけしました」

いろいろ思うところはある。だが費用面ではギリギリ損は出なかった。若干後味が悪いが、終わりよければすべてよし。このシンママは無事退去……ということで、私の中では処理することにした。

むしろ私の関心事は、この30万円の予算内でどこまで節約して、次の入居者を客付けするかに移っていった。

全国を転々とする生活保護受給者との交流

エクストリーム大家業では、一般的な大家業では味わえない心温まる経験をすることも少なくない。それがあるからこそ、私はエクストリーム大家業を続けているのかもしれない。

「大家さんでっか？　ワシ、ネットで大家さんの物件見て、住みたいな思いましてん。明日どうでっか？　すぐ行きまっせ！」

リフォームを終えた物件をネットで客付けしていた際のこと。早速、メールにて問い合わせがあり、急ぎ話を聞きたいというので私は電話番号をメールで折り返した。それから約10秒後、冒頭のように話す年配の男性の声が私の耳に響く。その勢いに私は圧倒されそうになった。

「いや、明日て……。というかどこからですか？　神戸の方？」

人はどうしても自分の取り巻く環境で物事を判断する癖がある。私も例外ではない。今日話して明日での対応となると、商売人としてはありがたいが、いささか疲れる。また急な話の展開は、過去の経験則から得てしてトラブルになりやすい。物事は慎重に進めるほうが、その後がいい結果になることが多い。

電話で話した印象では、悪い人ではなさそうだ。だが、何かが気になる。それは私が生まれ育った関西とは違うイントネーションだったからだ。九州弁か、それとも広島弁か。ただ時折、関西弁や標準語も混じっている。

「えっ、いや福岡ですわ。いやね小指、彼女がね、別れた彼女がね、博多に住んどったんですけど、まあ別れてね。それでもう博多には用なしちゃ。それで次はどこに住もうかと考えとったら、港町・神戸もええなと。昔、住んでたことあるしね」

私は単刀直入にどういう状況かを問うた。生活保護受給者なのか、金融ブラックなのか、どちらでもないグレーゾーンなのかもしれない。そこが気になった。

「あっ、ワシ？（生活）保護ですわ。ええ。B2持ってますねん。あと聴覚とか身体障害もね。家賃とかはご迷惑はおかけしませんよ！」

「B2」とは軽度の知的障害の等級である。ハンディキャップを持っているなら、今は行政が手厚く保護してくれる。平たく言えば手当はある。ゆえに入居させて損はないと、この男性は私に告げているのである。

職人が親方に雇い入れを求めて「ワシ、こんな資格持ってますねん」「ワシ、防水工も左官もできまっせ」とアピールしているのと似ている。

「福岡？　遠いでしょう？　明日来るというても交通費かかるし……」

正直なところ私はこの日、用事もあり内覧は翌週に持ち越してほしかった。だが、来るという入居希望者を拒むわけにもいかない。

「いや、カネなら、交通費なら大丈夫。なんかの手当が入りますし、交通費、ワシ、半額やさかい……」

もちろん福岡から兵庫まで内覧に来るというのは自由である。とはいえ、わざわざ遠くから内覧にやってきて入居しないとなると、いささか申し訳ない気もする。

「明日来てもらうのはありがたいねんけど、物件見て気に入らんかったら、いくら交通費半額やゆうてもね。高いお金払ってきて、なんにもならへんから悪いわ。ええん？」

こう私が念押しすると、電話越しの男性は明るく弾んだ声でこう話す。

「ええもなにも、ワシ、もう神戸に住むと決めてん。せやからなガラガラ（キャリーバッグ）にちょっとした着替え詰めて、そっち行くわ。大家さんに断られても、ほかの神戸の物件に入るから。心配無用や！」

家財道具はどうするのか、いきなり引っ越しといってもそう簡単なものではない。それを聞くと、何をか言わんやとばかりにこう返してきた。

「ええねん。どうせＮＰＯからの頂きもんやし。パンツとシャツさえあったら、服やテレビや洗濯機とかタンスも全部、支援団体がなんとかしてくれるし。もう福岡は飽きたんや。神戸で新しい彼女、早よ見つけなあかんしな」

何かにつけて大家に奢ってくれる入居者

翌日、この男性はキャリーバッグと福岡土産の辛子明太子、ひよ子饅頭を持って新幹線で神戸までやってきた。

内覧時、ほとんどその内部を見ることなく、物件に入るなりこう声を張り上げる。

「大家さん、ここにするわ！　２年くらい世話になる思うけれどよろしく!!」

この男性が語るところによると、身体障害を抱えているため活発には働けない。しかし、それを不自由だとか、ましてや不幸だと思ったことはないという。

「役所駆け込んで、『ワシ、働けませんねん』とちゃんと理由をゆうたら、なんとかしてくれるよ。せやからワシ、保護受けながら、あちこち全国回ってるねん！」

こう言うなり、次の言葉を継いだ。

「今日からでええか？　布団、持ってこないかんね。どっかＮＰＯに連絡取るわ」

今日やってきて今日、もう入居して住むという。正直、私にはその想定はなかった。今やＷｉ－Ｆｉ完備だの、冷蔵庫や収納家具完備といった賃貸物件も増えている。だが、一般的に不動産賃貸業といえば、やはり家を貸すだけと考える大家は多いだろう。私もそのひとりだった。

もっとも亡くなった母は違った。この男性のように、「今日、布団が要る」となったときに備えて、「お客様用の布団」を常に用意していたのだ。

「ＮＰＯってゆうたかて……。どこか買いに行く？」

うちでは亡き母の時代から、入居者が引っ越してくる際には引っ越し祝いを兼ねて巻き寿司や簡単な総菜を渡すようにしている。これは、「一般的な大家とは違い、私はあなたを見守っていますよ（目を光らせていますよ）」というメッセージでもある。

費用もそれなりにかかるといえばかかるが、慈善事業的な意味合いもあるのでずっと続けている。布団も今回は私のほうでサービスしてもいいかと思った。

「いや、大家さん、そんなんせんでええよ。ＮＰＯにゆうたらもらえるやろ」

男性が語るところによると、布団や照明器具、テレビ、収納家具、洋服などの着替え……、そうした一切合切は地元のＮＰＯに連絡を取れば、すべて揃うのだという。

私もＮＰＯと付き合いはあるが、そうした話は聞いたことがなかった。いや、聞こうとしなかったというか、興味がなかったのだ。だから知らなかった。

「そしたらそれでええか？　ほか、なんか俺にできることある？」

大家として、行政への手続きなど諸々やることはある。それに福岡の家をどうするのかも気になった。

「あっ、それはもうええわ。ほっといたらＮＰＯがなんとかしてくれるやろ。所有権放棄しますーーゆう書類作って大家に送ったら、もう終いや」

驚く私をよそに、男性はさらに続ける。

「入ってすぐでなんやけど、ワシ、ここ出ていくときもそうさせてもらうさかい。家の中のもんはすまんけどな、大家さんのほうで処分しといて」

一応、２年はいてもらうという約束でこの男性はこの日から入居した。その間、３月末になると「大家さん、花見行こうや」、夏になると「暑気払いや」、冬は「クリスマスや」と、何かにつけてご招待してくれる。

甚だ失礼な物言いだが、こういう場合ほとんどは、誘うだけ誘ってその費用はすべて誘われた私が持つことになる。しかし、この男性は違った。気前よくデパ地下の花見弁当や近所の中華料理店の仕出し弁当をご馳走してくれた。ビールに焼酎、日本酒も飲ませてくれる。

「ええん？　俺もいくらか出すし、酒の類なら買ってくるよ」

「ワシ、奢られるの苦手やねん」

頑として受け取らない。受け取ってくれたのは、せいぜい私の東京出張時のお土産くらいだった。

この入居者との付き合いも気がつけば3年を超えていた。2年はいるという約束だったので、もうお別れの時期が近づいているのだろうなと思っていた。大家としては退去に向けて、リフォームや清掃する箇所を把握しておきたかった。だが、その後も退去する気配はなかった。

「大家さん、この家、気に入った！　もっとおるで」

そう言いながら、もう4年が経とうとしていた。4年も住めば、そのままさらに長く住んでくれると思うだろう。だが、この男性が入居時に自ら語ったところによると養護学校の高等部を卒業後、ずっと生活保護を受けて全国を転々としてきたという。ふと気が向けば、よそに引っ越す可能性のほうが高そうだ。

別れは唐突にやってきた。

ある日の深夜、私は雑誌の入稿作業に追われていた。携帯電話にメールが届いた。男性からである。

〈大家さん、世話になった。恩に着るわ。また会おな。荷物は全部やるから、すまんけど処分しといて〉

私は、返信を打った。

〈ありがとう。元気で。また遊びに来てや！〉

退去後すぐに清掃やリフォームを済ませ、次の入居者も入った。それから半年くらいが過ぎた頃、私の携帯が鳴る。あの男性からである。

「大家さん、元気か？　ワシ、あれから札幌行ったんや。今、旅行や。土産もあるし、飲みに行こうや！」

学校の先生がかつての教え子から連絡をもらったときの気持ちとはこんなものなのだろう。エクストリーム大家をやっていてよかったと思う瞬間だ。

神戸市兵庫区——ディープな場所にあるスナックに案内された。相変わらず奢ってくれる。嬉しいがちょっと複雑な心境だ。

奢ってもらったことを聞いた妻は私にこう言う。

「生活保護受給者に奢ってもらう大家！」

こうした入居者との触れ合いは、エクストリーム大家でしか体験できない。

「終の棲家」を探すおばあちゃん

一方、ときに想像を超えた日常を送れるのもエクストリーム大家業である。

あるおばあちゃんとの出会いもまた、NPOからの紹介だった。

「なんでこんな狭いし、貧乏くさい家に住まなあかんのよ！」

初対面の挨拶もなく、いきなりおばあちゃんは紹介者であるNPOの女性職員にキレている。しかも大家である私の目の前で、だ。たしかに言ってることに間違いはない。しかし、大家の眼前でこれを言うのは、人間としてどうなのかと誰しも思うだろう。

「はあ？　何ゆうてるん？　あんた今、生活保護やで。贅沢言える立場やないやろ」

女性職員も負けてはいない。長年、こういう入居者と接してきた私でも、そんな物言いをしたことはない。

「気に入らない？　じゃあ入居されない？……」

私は、「初めまして」の挨拶もせぬまま、女性職員にも目を向けながらおばあちゃんに問うてみた。

服装はその人の生き様を表す。バブル期を思わせる派手なニット、年齢の割にはかなり頑張っている感のある黒のタイトスカート。それに合わせたストッキング――長く水商売を生業にしてきたのだろうか。服装からそこはかとなく伝わってくる。

「あら、大家さん、初めまして。いやクロスも張り替えてもろて、ええ物件ですね」

先ほど、「貧乏くさい」と言ったことなど、どこ吹く風とばかりに、コロッと態度を変えて、私にあれこれ話してくる。やれ、この家は外観はよくないが内装がいい、眺望がいいから住みやすい、大家さんが幸せそうな顔つきをしている……云々。その話運びは、まるで当たらない占いを特技とするスナックのママのようだ。

「それで、お姉さんさ、どうするん？　うち住むん？」

私はおばあちゃんのことをあえてこう呼び、住むのか住まないのか聞いた。

「住んでもええけど、ほかも見に行っていいですか？」

構わないと私が答えようとしたそのとき、ＮＰＯの女性職員がおそらく40代であろうという年齢相応の金切り声をあげた。

「ほか？　そんなん行けるわけないやないの！　保証人もおらへんし、70過ぎのひとり身の女なんて、どこの大家さんが引き受けてくれるんよ!!」

おばあちゃんは、少女のようにイヤイヤと首を振りながら上目遣いで私のほうを見てきた。

「あたし、で、いい？」

なんか違うぞ……と思いつつも、こちらとしては早く入居者を決めてしまいたい。入居者が決まらないと家賃収入が途絶えてしまう。もっとも「高齢」「独居」「保証人なし」と正直、属性はよくないが、生活保護は受給している。万が一、何かあったとしても、行政やＮＰＯが助けてくれるだろう。私は入居の手筈を整えることにした。

１週間後、おばあちゃんが引っ越してくるという。この日の夕方、私はあらためて説明事項もあるので面談を実施することにした。

弊社では新規入居者の引っ越し当日、巻き寿司や総菜、大福餅といったお菓子を引っ越し祝いとして持っていくようにしている。それも渡したかった。

「こんにちは！　どう？　引っ越し済んだ？」

派手なジャージ姿のおばあちゃんが「まあ、上がれ」と言う。引っ越し当日の荷物でごった返している部屋に上がり、引っ越し祝いを渡す。

「えっ、こんなんあかんわ。あたし、お金払うわ。これ、いくらやのん？」

あくまでも私の過去の経験則での範疇の話だが、先の全国を回る男性もそうだった。うちの入居者はこうした品を素直に受け取らない人が不思議と多い。

このおばあちゃんも財布を取り出し、千円札を何枚か段ボール箱の上に置く。

「いや、これはお祝い、門出だし、うちの会社ではこういう決まりというか……」

ここまで言ってようやくお金を引っ込めてくれた。そのタイミングで私は面談を始め、釘を刺しておかなければならないことを伝えた。

家賃を飛ばされると困ること。家賃の支払い日は任せるが、なるべく生活保護費の支給日に振り込んでほしい、自分で振り込むのが嫌なら行政にお願いして代理納付してもらうこともできる……といったことを説明した。

一通り、話を聞き終えたおばあちゃんは、それまでの営業的な微笑みから、真面目な70代女性相応のビジネスライクな表情を浮かべつつ、私に言った。

「私、ひとりで住んでます。お家賃を滞納するゆうことはありません。でも、もしお家賃が滞って2週間ほど、私と連絡がつかへんかったら、合鍵で開けて中に入ってもろうていいですよ」

当然、もしものときに備えて私も保険に入っている。万が一、このおばあちゃんが言うようにこの家で旅立った場合、それも含めてお世話させて頂く——これが亡くなった母が常々言っていたこの生業のプライドでもある。私自身もその覚悟はいつも持っている。

おばあちゃんにそう伝え、安心して住んでほしいと言った。ただ、普段はそんなに頻繁には連絡はしないが家賃が滞ったときは、こちらでも動くと付け加えた。

そう聞いたおばあちゃんの表情が、営業用のそれへと戻った。そして、ホステスが初対面の客から話を引き出すような感じで、私のことをいろいろと聞いてくる。


「大学はどこ出てはるん？　奥さんも大学出てはるのん？」


私を気持ちよく持ち上げてくれはするが、おばあちゃん自身のことは何にも教えてくれなかった。これもうちの入居者に多い共通した特徴である。

こうして彼女は入居者になった。以降はほとんど会うこともなく、家賃だけが振り込まれるという流れを期待した。

クレームでマウントを取りたがる入居者の心理

ワケありな入居者たちは、得てしてマウントを取りたがる。

入居前の内覧時、そして引っ越し当日と、若干の不安はあったものの、まずまず静かなタイプに分類されるかなと思っていた。しかしそれは甘かった。

引っ越し後、3日も経たないうちに、このおばあちゃんの〝地〟を私は知ることになる。

東京に出張していたときのこと。1時間に30回もの着信履歴があった。さらに約20通にも上るショートメッセージ。出張中は出版社との打ち合わせが多いので、基本的に携帯電話はサイレントモードにしている。

ある大手出版社のトイレで夥しい量の着信とメッセージに気づき、その内容を確認する。

〈風呂場のドアのガラスが割れて全部落ちました〉
〈給湯器が壊れています。温かいお湯が出ません。私を凍え死にさせる気か〉
〈水道が壊れました。蛇口が取れました。すぐに何とかして下さい〉

不具合がないことを確認のうえ引き渡した家である。1日や2日で不具合が出るはずがない。仕事を終わらせ、電話で折り返したのはこの日の夜遅くだった。

「なんで電話出えへんのじゃ‼」

電話が繋がると同時、電話口から耳をつんざくような大声が響く。私は不思議に冷静だった。「あぁ、このおばあちゃんはこういう手合いなのね」という、もうひとりの自分の声が聞こえてくるようだった。

「いや、今、東京やねん。壊れた？　そんなことないでしょ？　なんで壊れたんかな？」

「うちが嘘吐いてるゆうんか？　とんだ欠陥住宅つかませやがって。このドアホが！」

こういう場合、私はまず相手に好き放題話をさせる。落ち着いた頃合いを見て、壊れたのか、壊したのかを詰めていくのだ。大抵は長い時間をかければ、話にボロが出てくる。そこを突けば相手も黙るものだ。

「ガラスが割れた？　それ、もしかして手で強く押したかな？　どうやって押した？」

幼稚園の先生が園児に話を聞くような口調でゆっくりと、丁寧に確認する。１時間、１時間半、２時間……延々と丁寧に話を聞き矛盾点を突く。

「頭にきたことがあったから強く押しただけや。そしたら割れたんや」

「最初、ドア開けらすぐにバラバラとガラスが落ちたと仰いましたよね？」

私がこう畳みかけると、おばあちゃんは黙った。

「まあ、ドアは修復します。でも、しばらくは我慢して。明日にでも業者に電話しておくから、すぐになんとかなるやろう」

おばあちゃんは、「わかりました……」と言うなり電話をガチャ切りした。

やはり、うちの入居者のような属性の人はどこか寂しいのだろう。

しかし他人とどう接していいのかわからない。だからわざとものを壊したり、あるいは壊れていないものを壊れたと言い、大家である私に絡んでくるのだ。私が相手にしなければ相手にするまでとことん電話にメール——と絡んでくる。

ここがごく一般の大家業とは大きく異なる点だ。エクストリーム大家業を私が続けるのはやはり、家がなくて困っている人を助けたいという思いがどこかにあるからだ。でも、入居者を見ていると、ときに、その志も失せ、心折れることは正直ある。

気をつけたいのは入居者がこのようにマウントを取ろうとしたとき、決して言いくるめられてはいけないということだ。

ちょっとでも相手の言い分を受け入れた場合、退去の日までとことん舐められるのだ。酷い場合は、スーパーで食料を買ってこいと頼まれることもある。もちろん家賃も払わず、追い出したら大家の自宅までやってきて大声で叫ぶくらいのこともする。やりたい放題になるのだ。

実際、私もそうした入居者に当たった経験がある。多忙にかまけて、適当にあしらったり無視していたら、家賃を払わず、挙げ句の果てには家まで来て食料や菓子、お金を無心するようになったのだ。その入居者は、最終的には弁護士を入れて「出て行ってください」と強い態度に出て退去してもらった。

もう少ししたらわかり合える、もう少し……と思っている間に家賃が滞り、要求が高くなり、そしていい加減出ていってもらおうと思ったタイミングで家賃が振り込まれたりすることもある。こちらのストレスが溜まっていく一方だ。

こうした経験から、私は入居者がマウントを取ろうと、備品が壊れただのなんだのと言ってくる際は、どんなに忙しくとも決して逃げず、とことん追い込むという方針でやらせてもらうようにした。もちろん、通常使用の範疇で備品に不具合が出た場合はこの限りではない。大家としての職責できちんと対応している。

さて、このおばあちゃんによるマウント合戦が終わってから、半年くらい静かな日々が続いた。しかしこの手の入居者がこのまま静かに過ごすということは、私の経験則ではまずあり得ない。

そろそろひと悶着あるだろうなと私は心の準備を整えていた。

ワケありな人たちはやたら大家と会いたがる

暑い夏のある日、暑中見舞いのハガキと手紙が私のところに届いた。両方とも差出人はおばあちゃんである。手紙には、自分の来歴が詳細に書かれている。そして、「今後について相談したいので時間のあるとき、家の外で会う時間を作ってほしい」と書いてある。

入居者が会いたいと言えば時間を割いて会う。これもまたエクストリーム大家の職責だと私は思っている。実際、一般的な大家とは違い、やたらと大家に会いたがる入居者は多いのだ。

それはずばり、何か飲み食いをしたいからである。

私の亡き母は、入居者が会いたいと言えば、自宅に招いてすき焼きをご馳走したり、外で寿司を奢ってあげていた。甘味処でかき氷を、喫茶店でコーヒーとケーキのセットを奢ることもあれば、自宅でビールを出すことも珍しくはなかった。

最近になり、母の代の元入居者の方がこう教えてくれた。

「大家さんに品のいいご馳走やタダ酒、甘シャリ（甘味）をたかるのは、入居者の間で密かな楽しみだった」

私もそれに倣っている。こちらから声をかけて、折を見て、そうした場に連れ出すこともある。もちろんこれは「目を光らせている」ということを伝えるためのアピールでもある。

このおばあちゃんもどこで覚えたのか、いや70歳を超えている人だ。長い人生経験からきっと肌感覚でそれができるのだろう。

日を決めて、私はリクエスト通り彼女の住む家から少し離れたエリアに位置する喫茶店で会うことにした。指定した店に行くと、すでにおばあちゃんがあんみつセットとコーヒーを食べている。伝票を見ると、ピラフセットも頼んでいた。

「ここは私が支払います。私から呼び出したんやし……」

「ええよ。これも大家の仕事やから」

そうしたやり取りの後、「いつもお世話になっているので」と中元の熨斗がついた長崎屋のカステラを渡された。

おそらく、これは入居時の巻き寿司への返礼と今日のお茶代を兼ねているのだろう。うちの入居者には何かお返しをしなければ気が済まない人が多い。だから遠慮なく受け取ることにしている。過去の経験則から、これを受け取らないと、「うちからの品は受け取れへんのか！」と凄まれるのが通例だからだ。

コーヒーを飲みながら、「それで相談って何？」と、私はエクストリーム大家の常で、わざとぞんざいな口調で聞いた。

「大家さん、信じて下さいね。あたしね、今、フリーメーソンに追われてるねん」

私は、ひたすら冷静を装いつつ、問い返した。

「それはまた……大変ですね。それで私にできることは何？」

おばあちゃんはコーヒーをすすりながら私の問いにこう答える。

「あたしがね、お家賃支払っていても、時々、電話したり、メールしたり、家に会いに来てほしいんよ」

「それは構わないけど、何か困ったことあるんじゃないの？　ほかにも……」

ケーキを頬張りながら、おばあちゃんがさらに言葉を続ける。

「フリーメーソンを避けるための絵とかクロスを掛けたいんや。あとはカキモノやな」

話を聞けば、要は壁に絵を掛けたりクロスに何か「描き物」をしたいという。正直なところ、この家のクロスは張り替えたばかりだ。だが老人の独居である。退去時はそのまま使えると思っていない。子どもの落書きと思えばいいだろう。退去時、諸費用として計上すればいい。私はその「描き物」とやらを承諾した。

「大家さん、おおきに。実はね、もう描いているんよ」

なんとなく、そんな気がしていたのでさほど驚かなかった。でも、何を描いているのだろう。また、どのくらいの範囲で描いているのか、クロス張り替え時の費用の概算を知りたいので聞いてみた。

「えっ、壁から天井に――フリーメーソンからね、あたし電磁波攻撃を受けてるんよ。だからそれをよけるには緑の渦巻き模様がええて聞いたから。ペンキでもう描いてん」

心なしか右隣のサラリーマンと思しき男性客が笑いを噛み殺しているように見えた。左隣の有閑マダム風の主婦ふたり組は耳ダンボ状態で、こちらの会話に聞き耳を立てていることがわかる。

「それは大変やね……。電磁波攻撃、どう対処したらええかね？」

「それだけやないねん――」

おばあちゃんは、チョコレートケーキを追加注文してから、矢継ぎ早に自分がフリーメーソンから受けている被害状況について事細かく教えてくれる。

「深夜にね、フリーメーソンが入ってきて、緑の注射と黒の注射を私の胸に打つのよ」

「フリーメーソンって陰険ね、昨日なんてお皿割っていったのよ。その割ったお皿、ゴミ箱に捨てていくの。いやらしいわ」

これを聞くのも仕事である。私はひたすら冷静を装っておばあちゃんの話を聞いた。声の大きいおばあちゃんである。店内の客は聞き耳を立てずとも話の内容がわかるだろう。なんとなく朝、自分で皿を割って、それを捨て、そしてそのこと自体を忘れて夜になり、これを断片的に思い出したのではないか。私はそう推測した。

「あのね、男の人に言いにくいんやけど、あたし、今、フリーメーソンに生理、止められてるのよ」

思わず、「えっ」と私も声を漏らした。有閑マダムのうちのひとりが笑いを噛み殺しながら私のほうを見て、なんとも言えない視線を送ってくる。

「フリーメーソンってね、あたしの個人情報を盗みたいのね、きっと。大家さん、あいつらって、みんな同じ車やバイクに乗ってるのね」

ふと、おばあちゃんの言うフリーメーソンとは警察のことではないかと思った。警察が何らかの事情で居住者確認をしてきたことを、おばあちゃんはそう捉えているのではないか。

「もしかして白い車。そこに黒の模様というか……」

「そう！　なんでわかるん？」

私はさらに畳み込んだ。タブレットを取り出し警察官の制服を見せた。

「そう、こいつら！　大家さん、これがフリーメーソン!!」

喫茶店で話すこと3時間。どうやらおばあちゃんは、時折、記憶が30代後半くらいのままで止まっているようだった。現在の警察官の制服を認識できていないのであろう。軽度の認知症なのかもしれない。年齢的にも畢竟うちの物件がおばあちゃんにとっては

〝終の棲家〟となるはずだ。

「大家さん、これ見て、外から覗かれているから目張りしてるねん！」

そう言って携帯電話の画面を見せてきたが、驚きはなかった。これより数日前、たまたまおばあちゃんの住む物件の前を通った際、窓という窓すべてにフィルムが張られ、外から様子が完全に見えないようになっていたのを確認していたからだ。近隣住民にそれがとても怪しく見えたのだろう。警察に通報されたと町内の自治会長から手紙で知らされたのは、喫茶店で会った日からしばらく後のことだった。

とにもかくにも、あと10年くらいはおばあちゃんにお住まい頂けそうだ。私にとっては、手堅い収益源になることは間違いない。

「最高裁まで争う！」と言った有名企業勤務のエリート氏

これまで紹介してきたワケありな人たちと日々付き合うのは正直大変だ。皆、癖が強い。では、一般の人たちなら何ら問題はないかといえば、必ずしもそうとは言えない。

以前、関西を代表する大手企業の管理職一家が入居してきたことがある。

家族で住むということだったが、その実情は物件の近隣にある私立高校に通う息子と、同じく私立中学に通う娘のために借りたのだった。

このエリート氏は普段、私が懇意にしているＮＰＯや行政ではなく、ひょんなことから知り合った大手企業の関係者を通して紹介された人だった。

初対面の印象は最悪だった。典型的な変人といえばいいのか。経歴だけを聞くと一点の曇りもない。難関大学を卒業し、大手企業に就職。お子さんたちもいわゆる私立の名門校に通っている。

ただこのエリート氏の服装はあまりにもだらしない。ヨレヨレのスーツ姿でシャツの端が出ている。それに何より、異臭を放っているのだ。

「ちょっと変わった方なので……」と紹介者から聞かされてはいたものの、予想以上に強い癖がありそうで私は困惑した。また話せば話すほど苛立ってきた。

対面時に「お家賃は月末締め翌月払いでお願いしたい」と言うと、こんなふうに返してきたのだ。

「月末の23時59分までに振り込んでおけばいいのですよね？　月の初日に振り込むのと月末とでは、月末に振り込んだほうがお金の時間的価値では借り手である私のほうが有利であるという理解でよろしいでしょうか」

その通りですと答えると今度は、こう聞いてくる。

「もし滞納した場合、どのくらいのペナルティがあるものでしょうか。それは具体的に明文化されていますか？　それがあるなら教えて頂きたい」

こんな面倒くさい人は御免である。紹介者には悪いが、うちは極めて慈善事業的な業を営む大家とはいえ、営利目的の法人なので入居はご遠慮願いたいと伝えた。

「いや、そこをなんとか……ちょっと変わっている人だけど、まあ問題はないので」

同席していた紹介者から懇願される。おそらく一般の不動産業者からも体よく断られたのだろう。

ここで不思議な感情が芽生えた。エクストリーム大家としてのプライドのせいか、どこからも断られた人ということは、ワケありな人だと私は解釈し始めたのだ。体から立ち込める異臭は気になったが、今日たまたまのことなのかもしれない。私は不安を抱きながらも、すべてを前向きに捉えることにして、このエリート氏一家の入居を引き受けることにした。よくない予感はよく当たるのかもしれない。引っ越し当日、私は、恒例の引っ越し祝いを持ってエリート氏を訪ねた。

「これはどういう意図があるんですか？」

巻き寿司を渡した際、開口一番、このエリート氏は言う。ご挨拶、お祝い、門出だと私が説明すると、こう返ってきた。

「あまり変なもの、渡さないで下さい」

あくまでも私の側が勝手に渡しているものである。今の時代にはそぐわないかもしれない。だが、もう少し柔らかいものの言い方というものがあるだろう。それがとても不快に思えた。親しく付き合うことはないだろう。ある意味では、手のかからないお客様といえる。これはこれでよしとするしかない。

ただ、この日も言いようのない異臭がこのエリート氏からほんのり放たれているのが気になった。後に、その異臭の理由を知ることになる。

初対面の印象は最悪だったが、地元を代表する大手企業勤務なので家賃はきちんと払ってくれるはず……という私の考えは甘かった。

入居から３か月。毎月、月末までに家賃が振り込まれていない。そこで連絡を入れた。うちは敷金、礼金などを取っていないので月が替わるとすぐ連絡を入れる。

電話が通じた。丁寧な口調で入金が確認できていない旨を伝える。

「あっ、バレた⁉」

エリート氏の素っ頓狂な声が電話口から響く。

「あなたね、気をつけて下さいよ」

このやり取りは翌月以降も何度か続いた。あるとき、あえてしばらく未納を放置しておいた。そして、3か月分の家賃が滞ったタイミングで私は厳しくクレームをつけた。

「あのね、お家賃、ちゃんと支払って下さいよ！」

すると、このエリート氏は居住権がどうのこうのと屁理屈を言う。私は最後通牒として「弁護士入れて訴訟にします」と言うと、やっと入金があった。一部上場企業の管理職にしてはタチの悪い入居者である。まだ元ヤクザや金融ブラックの入居者のほうが、家賃の支払いという面ではきちんとしている。

それから数か月後、エリート氏から退去の申し出があった。淡々と事務処理を済ませている最中、奇妙というか厚かましい申し出の電話があった。

「引っ越しの日程が予定より遅くなりました。なので2週間ほどサービスしてもらえませんか」

即座に断った。すると、こう凄んでくる。

「あなた、税務処理とかきちんとされてるのですか？　マスコミで普段お仕事されている方なら、いろいろまずいこともあるのではないですか？」

こういうときのために私は税理士と弁護士とは顧問契約している旨を伝えると、エリート氏は舌打ちし、「日割りで家賃を支払います」と言い電話をガチャ切りした。

引っ越しの当日、退去時のチェックのため物件を訪問した。エリート氏がドアを開けるなり、室内の強烈な異臭が放たれた。私と同行した妻は「これカビとペット臭やないの！」と大声をあげた。

その瞬間、ニャーと猫が鳴きながら私のほうにすり寄ってきた。この物件はペット禁止である。

「これはどういうことですか？　ペットは規約違反です。50万円違約金頂きます」

するとエリート氏、「動物愛護法の精神」「猫を飼うことで家のねずみが……」「戦前の日本では……」とまたも入居時と同じく屁理屈を並び立てる。

「うわっ、私キツい。これカビの臭い――」

エリート氏の屁理屈を遮るように、私の妻が大声を出す。

私はキレ気味で、有無を言わさず家の中に入った。窓枠、畳、天井……至るところにカビが生えている。このキツいカビ臭、これがエリート氏との初対面から気になっていた臭いであることがわかった。

「申し訳ない。これだけのカビとなると、クロス張り替えだけでは済まないです。その費用もお願いしたい」

エリート氏は、「このカビが私は住んだことにより生えたかどうかを立証する義務が大家側にあり訴訟となると……」とまたも屁理屈を並び立てた。

結局、このエリート氏とは合計50万円の支払いで折り合った。カビの除去や天井の張替え、クロス・カーペット全面張り替え、塗装と合計120万円もかかってしまった。70万円の赤字だが、それでもこれで折り合うしか方法はなかった。

「最高裁まで争う――」

規約違反をしたエリート氏がこう言ったからだ。過去のやり取りを振り返ると、とても彼とは常識的な話し合いはできないだろう。私は泣き寝入りしたのだった。

こうしてみると生活保護受給者や金融ブラックなどワケありな人たちと、大企業勤務のホワイトカラー層との違いは、正直なところあまりない。エクストリーム大家を長年続けてきてそう思う。

ホワイトカラー層でも、家賃を滞納したり、部屋にカビを生やして気にならないという入居者もいる。むしろワケありな人たちのほうが、家賃滞納や禁止されているペット飼育といったトラブルは少ない。

理由は簡単だ。生活保護受給者が家賃を支払っていないと行政にバレると、かなりキツく叱られる。生活保護費の打ち切りもあり得る。ゆえに家賃は絶対に支払うのだ。

カビについても同様だ。そもそも部屋がカビだらけになるのは冬に暖房器具を使って結露を発生させたり、夏は部屋を閉め切ったりして掃除をしないからだ。ホワイトカラー層の場合、家にいない時間もあるので掃除も疎かになる。しかし、生活保護受給者をはじめとする人たち層は、基本的には「自宅警備員」である。だらしない生活を送っている人でもカビだらけになるまで放置することはない。もしくはほとんど家におらず、実質的には別の場所で生活していることもある。これではカビも生えようがない。

ペットもそうだ。ワケありな人たちに犬や猫を飼う余裕はないのだ。

一般的な大家なら、心配事といえば家賃滞納に加えて、カビやペット、その他設備の破損だろう。しかしエクストリーム大家の場合、そのあたりで気を配ることはあまりないのだ。その分、予想を超えたトラブルに見舞われる。それはこれまで紹介してきた通りである。割高な家賃を頂き、管理会社も通していない。だから実入りがいい。だが、こうした癖のある人たちと真剣に付き合う必要がある。

ただ、やってみるとこれほど楽しく人生を豊かにしてくれる大家業はないと私は断言できる。決して人には勧めることはしないが……。

第4章

Chapter 4

規制対象に!? エクストリーム大家の行方

住宅セーフティネット法とエクストリーム大家

ビジネスとしてのエクストリーム大家業は遠い将来、行政の規制の網にかかるのではないか。そして限られた者、すなわち行政の言うことにお行儀よく従う者だけが営めるようになる。遠くない将来、必ずやそうなるだろう。

ときに「貧困ビジネス」と蔑まれることもあるエクストリーム大家業だが、現状では行政の下請け的な役割を担っている。だから、行政としてはこうしたビジネスは是が非でも「素性のしっかりした者」にやらせたい。行政にはそんな思惑がある。

在野の大家にしても同様だ。生活保護受給者をはじめとする人たちを受け入れる大家たちは、家賃収入のほか、ときとしてお金では買えない名誉が得られたり、行政からの信用で長期間にわたる安定した収益が手に入る。

すると、たちまちこれが利権となるので、大家たちは広く大勢の者がこの分野に参入することを好ましく思わない。厄介者は是が非でも排除したいと思うものだ。

かねてから、こうしたときに取られる手段のひとつが「立法」だ。法律をこさえ、参入障壁を上げて新参者を排除するのだ。かつての暴力団や総会屋などが今、法律により厳しく取り締まられているのは、読者の皆様もご承知のことだろう。

それと同じく、新たな収益分野としてにわかに注目されるエクストリーム大家という商いも、そろそろ法的規制がかかるのではないか。私は年々、関係行政やＮＰＯと関わるなかで強く実感している。

それはもっともな話かもしれない。保証人や保証会社も不要、それでも入居者を受け入れるとなると、どうしても犯罪との相性が良くなる。行政はこれを放置しておくことはできない。

こうして、エクストリーム大家業も近年規制対象になりつつある。そのファンファーレともいうべき法律が２０１７年に改正された「住宅確保要配慮者に対する賃貸住宅の供給の促進に関する法律」（通称：住宅セーフティネット法／２００７年施行）だ。

この法律は数多の改正を経て、低所得者やとくに住宅確保に配慮を要する者を支援する法人、すなわち「居住支援法人」について、こう定めてある。

「入居者の家賃債務の保証をすること」（家賃債務保証業務）

「住宅確保要配慮者の賃貸住宅への円滑な入居の促進に関する情報の提供、相談その他援助を行うこと」（円滑入居促進業務）

「賃貸住宅に入居する住宅確保要配慮者の生活の安定及び向上に関する情報の提供、相談その他の援助を行うこと」（生活安定向上業務）

「これら掲げる業務に附帯する業務を行うこと」（附帯業務）

（以上、住宅セーフティネット法第42条から抜粋）

ここでいう居住支援法人の法人格は、都道府県知事からの認可により得られる。もちろんどんな法人でも申請すればOKというものではない。その審査基準は、概ね「財務状態が健全であること」に集約されよう。

平たくいえば資金面も潤沢であることが求められる。潤沢な資金があれば、最新の耐震基準を満たした家屋を入居者に提供できるという解釈だ。

建築基準法で定める耐震基準は、古いものから順に「旧基準」「新基準」「２０００年基準」がある。簡単にいうと1981年5月31日までに確認申請を受けた建物、これが「旧基準」だ。具体的な内容は「震度５程度の中規模の地震で大きな損傷を受けないこと」である。そして「新基準」は１９８１年６月１日以降の確認申請を受けたもので、「震度５程度の中規模の地震では軽微なひび割れ程度の損傷にとどめ、震度６程度の大規模な地震で建物の倒壊や損傷を受けないこと」と、より厳格なものへと改められている。

もっとも新しい「２０００年基準」ではさらに厳しくなり、「地盤に応じた基礎の設計」「接合部に金具の取り付け」「偏りのない耐力壁の配置」が求められている。

激安のボロ家や昭和の団地の場合、かなりハードルが高いといえよう。

実際、居住支援法人格を取得し、地方自治体が運営している不動産運営サイトに客付け目的で空室物件を掲載してもらおうにも、「２０００年基準」を満たした証明書を出した物件しか掲載してもらえないのが現状だ。耐震基準を満たしているという証明も、第三者機関や建築士に依頼しなければならず、取得にはそれなりの費用がかかる。

だから今、ワケあり層をターゲットとした不動産賃貸業を行っているのは、私のような個人からの法人成りした者か、ＮＰＯ法人や社会福祉法人をはじめ社団、財団といった「営利だけが目的ではない法人」だ。

そのせいかどうかはわからないが、この法律で定められている居住支援法人の業務は、ビジネスとはかけ離れた「社会貢献」や「ボランティア」というニュアンスを多分に帯びているように思う。

実際「居住支援法人格」を持つ法人は都道府県や市区町村、そして所管官庁でもある国土交通省や厚生労働省、意外なところでは法務省・検察庁とあらゆる行政・省庁と緊密に繋がっている必要がある。

零細エクストリーム大家は締め出される運命なのか

いずれにせよ、私のような実質個人事業主のようなひとり法人では、この居住支援法人格を申請したところで、「まず無理だね」と門前払いを受けるだろう。懇意にしている弁護士や司法書士、税理士、さらにＮＰＯ関係者たちにも聞いてみたが、答えは皆、一致した。

「保証人も保証会社も要らない。要るのは相場よりもやや割高な家賃だけ。家賃を滞納したら即取り立て――それで行政が納得するか。しないだろう。ただの貧困ビジネスだ。

半面、家賃が格安で入居者の家賃滞納にも寛容、会社の財務状況も健全で、かつ資金面も潤沢。経営者は行政にも協力的――であれば、即ＯＫが出るだろう」

私が困った際、いつも世話になっている弁護士は、私のような手合いがこの居住支援法人格を得ることは、現実にはまず不可能であることを、噛んで含めるようにこう語る。

実際、兵庫県に「弊社も居住支援法人としての認可を受けたい」と、申し込み以前の問い合わせをしたこともある。その答えは予想通り「ＮＯ」だった。業務計画や財務状態が基準に満たなかったというのもあるが、もっとも問題になったのは次の項目だった。

「おひとりで会社を経営なさっておられる。著述業もされている。それで『支援業務の実施のために必要な組織体制、人員体制及び勤務体制が確保されている』のでしょうか――というところですね」

「まるでお話にもならない」といった状況だった。私が行っている業務は限りなくこの居住支援法人と同じなのだが、組織力と財力においてその要件を満たしていないので、法人格を取れないというのである。

加えて、兵庫県の関係者からはこういう声も頂いた。

「申し訳ないが、御社がお持ちの物件、耐震基準を満たしていますか。あまりにも古い物件だと、たとえそれを満たすための補修工事がなされていたとしても、現実的には、とても人命を預かる居住支援法人として認められません」

耐震基準について私の持っている物件はすべて耐震補修工事が行われており、基準を満たしている。

だが、いかんせん１９７０～１９８０年代に建てられた物件なので、いくら補修工事を行っているからといっても、やはり不安に思う入居者もいるだろう。もし大きな天災が発生した場合、居住支援法人で入居者が罹災し、死亡したら認可した行政側の責任になる――行政側はこれを危惧しているのだ。

潤沢とはいえない財務状況で、「耐震基準を十二分に満たしている築年数の浅い物件を持っていない」「居住支援法人として業務を遂行するに十分な職員数でない」「潤沢な資金を有していない」という現状では、私のような者は、居住支援法人格の取得などまだまだ夢のまた夢といったところか。

それにしてもこの居住支援法人格、やはり認可してもらえるのであれば認可して頂きたいというのが本音だ。なぜなら、この法人格を持っていると行政による補助金や助成金への申し込み枠がぐっと増えるからである。この補助金や助成金は、もちろん返済不要。多くの大家が法人格取得を目指すのも頷ける。

綺麗ごとしか言わない検察庁のお役人とのバトル

エクストリーム大家業は今、ゆるやかに行政の下請けとして便利使いされ始めている。今後、この傾向はますます進むのではないか。

2022年、神戸市内にて、とあるNPO主催のセミナーが開かれた。ゲストスピーカーは検察庁のお役人である。登壇した彼らの言い分は概ねこうだ。

「再犯防止のため、住居確保といった社会復帰支援を検察庁として行っている」

この検察庁のお役人曰く、在野の居住支援法人と連携し、検察庁として全面的にこの分野に力を入れていくという。

そもそも法務省のなかでも検察庁がこの居住支援に注力するのには理由がある。取り調べ後、不起訴や起訴猶予となった者がいたとしよう。もちろん不起訴、起訴猶予とはいえ、何らかの犯罪の嫌疑がかかった人物である。そうした人物に「住む家がない」となると、また何らかの犯罪に関わるかもしれない。それでは社会の治安が不安定になる。だから居住支援の活動に乗り出してきたというわけだ。

この検察庁の居住支援活動は、居住支援法人の法人格を持たない私のようなエクストリーム大家とも関係を持つため、あちこちのNPOのセミナーに検察事務官や検察庁採用の社会福祉士がゲストとして登壇し、必死になって活動内容をアピールしている。

「是非とも、皆さんのお仲間に入れて頂きたく――」

まるで選挙運動にやってきた政治家が第一声を発するように芝居がかった口調で検察事務官という肩書を持つお役人が話す。

そして、いかに検察庁が社会の治安を守るために活動しているかの解説に始まり、居住支援の分野で何を大家にしてほしいのか、事細かく語るのだ。

もっとも、その言い分は私からすれば地に足のつかない行政に都合がいいものばかりだった。

曰く、「家賃は生活保護受給費の家賃扶助内で収めろ」「耐震基準に不安のある築年数の古い住居はよろしくない」「急な入退去にも対応しろ」「入居者である出所者が地域に溶け込める機会を大家の責任で作ってあげろ」「入居者の就職、就業状況についても把握、就職先とも連携しておけ」「日頃から大家も国家と治安維持のため入居者の見守りをしろ」……などなど。

居住支援法人格を持つＮＰＯならいざ知らず、私のような大家が聞くと、およそ商売とはかけ離れた理想論ばかりだ。否、営利を第一義とはしないＮＰＯでも、受け入れられない要求だろう。

正直、いささか辟易とした。話す内容がいちいち癇に障った私は、思わず登壇したお役人に噛みついた。

「居住支援法人格を持つ、持たないにかかわらず、あまりにも世間一般でいう大家にいろいろなことを被せていませんか？　仰っていることは法務・検察というか、行政の下請けをやれ。そう聞こえますが――」

発言を求めて立ち上がり、こうまくし立てる私にお役人は笑みを浮かべながらこう仰る。

「我々は綺麗ごとばかり言うとよくお叱りを受けます。でも、我々がその綺麗ごとを言わなければ社会はどうなるのですか？　ここはひとつ天下国家のために、お骨折り頂きたい」

ときに綺麗ごと、正論は人や組織を安く買い叩くときの方便として用いられる。ましてや天下国家という言葉までつけ加えるとなると、これは、「お骨折りしないと、この国の国民として認めませんよ」という遠回しな脅迫ではないか。

私はさらに質問を重ねた。

「ではお伺いします。地域住民との触れ合いの機会を大家の責任で作れと仰いました。これは昔ならもちろん、今でもそうですよ。刑務所帰りの人を入居させたとご近所に知られたら、当の本人が近隣住民から白眼視されます。大家である私自身もそういう目で見られたことがあります。まずはそういう現状をご存じですか？」

検察庁のお役人は微笑みを絶やさず、だが険しく、そして厳しい目で私を見据えた。

「それをですね。これからは変えていく必要があるのですよ」

どう変えろというのか。ますます腑に落ちない。私はさらに質問を重ねた。

「刑務所帰りの人や元犯罪者だった人を温かく見守る社会に——ですか？　それは無理でしょう？　いくら時代が進み、社会で多様性を認めようという時代になっても、これはそう簡単に変えられるものではありません。まずはその前提に立つべきではないですか？」

検察庁のお役人は、鬱陶しそうな目で私を見やりながら言う。

「だからこそ、地域住民の方との触れ合いの機会を設けて頂きたい」

地域住民と触れ合う機会を無理やり作れば、勢い、地域住民の間で「今度、引っ越してきた人は前どこに住んでいたのだろう」と話題になる。その際、「刑務所帰りの新たな住民」と地域住民に紹介しろというのだろうか。

それを伏せたとしても、私のようなワケありな人たちを専門とする大家がその入居者を地域住民に紹介すれば、それだけで「ムショ帰り」だと悟られるだろう。それはこれから社会復帰しようという人たちにとって、果たしてプラスになるのかどうか。私はマイナスにこそなれ、プラスになることはないと思っている。

こうした地域住民との関係は、エクストリーム大家として引いた目で見守り、なるべくごく自然な成り行きに任せ、何かトラブルが発生したときに、自らの責任で事に当たる——それが経験を通して知った最善のやり方だ。

過去の入居者にも、「もし、あんたの過去の件で近隣住民となんかあったら言うてや」と言い、入居者も「大家さん、そんな話はこっちから（地域住民と）関わりを持たん限り、言われることないで」と言う人しかいなかった。

それにわざわざ自分から、「わし、過去に前科がありまして……」と近隣住民に話すような入居者ももちろんいなかった。

「本当にわざわざ地域住民の方との触れ合いの機会だのなんだの……要りますか？　それを求めない、それこそムショ帰りの人もいるでしょう？　そういう人たちの気持ちはどう捉えればいいのですか？」

私の発言に検察庁のお役人は厳しい目で私のほうを向き、こう叫ぶ。

「再犯防止には、地域住民の理解、触れ合いが大事だとあらためて申し上げます！」

余程ムショ帰り、犯罪者だった人を検察庁は積極的に地域住民と触れ合わせたいらしい。そうした施策を打ち立ててこれを実現し、みんなが幸せな社会を構築する――そんな検察庁による「作・演　検察劇場」に引きずり込まれたようで、私の不快感は募るばかりだった。

これは現実問題として絵に描いた餅でしかない。仮に大家たちがこの検察の施策を行ったところで、その場限りで終わるものになるのではないか。まず浸透することはないだろう。ただただ、こうした現実とかけ離れた理想を平気で宣う検察庁、ひいては行政が空恐ろしく思えた。

「耐震基準は満たされていますか?」 望ましくない大家に認定

憤懣やるかたない思いで、私が次の質問を考えていたとき、検察庁のお役人が逆に私に質問をしてきた。

「ところで……あなたのお持ちの物件、耐震基準は満たされていますか?」

人様の命を預かる大家業である。エクストリーム大家ではあるが、そこは弁えているつもりだ。旧耐震基準ではあるものの、きちんと補修工事もしている。そこは問題ない。

「旧耐震なので補修工事で基準は満たしておりますが。それが何か?」

この時だった。居住支援法人格を持つ、行政から見れば「好ましいエクストリーム大家」とでもいおうか。行政各所と連携密なことで知られるNPOの代表が声を張り上げた。

「いろいろあって社会復帰、新たな人生のスタートを切ろうという人に、耐震基準も満たしていない家に住まわせる! ああ、恐ろしい!! うちはね、ちゃんと耐震基準、もちろん新基準、それも2000年基準を満たしたおうちに住んでもろうてますぅ!」

さらにこのＮＰＯの代表が続ける。

「社会復帰した人が地域社会に溶け込めるよう、温かく迎え入れるだけの度量を持った人や、教養ある品のええ人ばかりが住んでいる地域もありますわ。もしかして、あなた、そういう方との付き合いがない？　ガラの悪い地域にしか物件持ってない？　そらまあ、利益追求しか目がいきませんわね！」

どうも私はアウェイに立たされたようだった。検察庁のお役人が鼻で笑っているのがわかった。私はやたらと絡んでくるＮＰＯ代表のほうを向き、こう問いかけた。

「社会貢献しながら、経営を成り立たせることを考えるのはいけませんか？」

ＮＰＯ代表はお役人を見ながら、こう返した。

「そういうのはね、国やお役所のご指示を仰ぎながらやることでしょう？　国あっての国民ではないのかな？」

検察庁のお役人とＮＰＯ法人がアイコンタクトして頷く。

「うちはね、引き受けた入居者の方に、これまでの過去を踏まえたうえで、ええ暮らしさせてますんや。あんたは黙って行政も面倒見切れんようなガラ悪い入居者集めて、せいぜいカネ儲けしときいや！」

この発言が終わると同時、大袈裟に拍手する年配の男がいた。彼もまた居住支援法人格を持つ〝御用ＮＰＯ〟の代表だった。

セミナーはすべて検察庁と行政による「芝居」だった

セミナーが終わり、むかっ腹を立てながら私は帰り支度をしていた。そのとき、検察庁のお役人が近寄ってきた。

「あなた、ご本業はマスコミの記者さんだそうだけど……」

「はい。それが何か？」

「……今日の話、録音されてます？」

「されて困るような話なら、されなければよろしいのでは？」

こう言いながらも私は社会人としての礼儀で名刺を差し出した。エクストリーム大家業のほうの名刺である。片手で名刺を受け取りながらお役人は、声を落として言う。

「記者さんなら察しがいいと思うが……、起訴するかどうかを決める検察庁、それから法務省の刑務所関連の人たち、それを引き受ける大家さん、居住支援法人……。もう、わかるでしょ？」

よくわからないので、「何がですか？」と問うた。

「あっ、名刺、私ら検察庁の者は名刺を持たせてもらえないのです。ご理解下さい」

私の質問をはぐらかす。私はあらためて、「お名刺の件ではなくて……」と問い直した。

「決まってるんですよ。とくにうち、検察に出入りできる居住支援法人や大家さんね」

ほう、と私は頷いた。では、どういう法人が検察庁の〝お墨付き〟になるのか懲りずに聞いてみた。

「代表者の経歴や検察庁に協力的な人、法人としての財務基盤がしっかりしていること。うちに文句を言わない人ですね」

わかりやすい話、もっともな話である。

「検察に都合のいい人——ですね。その基準は？」

「たとえば、ほら刑務所の慰問とかいろいろあるでしょ？　そういうことなどで法務省、検察に協力的な人ですよ。それで財務基盤がしっかりして……となると限られていますよね」

「つまり、検察庁の関連の居住支援法人とは、すべて出来レースであると？」

「……まあ、選考は公平に、です。そういう社会です。我々もそうしないとね」

「では、私などとても無理ですね」

「私の立場でこれだけ話したのです。あまり、その……頑張らなくてもいいですよ」

情報公開や行政の透明性・公平性が叫ばれる時代である。完全クローズドで官と民でというのは、やはりまずい。だから検察庁としても、わざわざセミナーにやってきて登壇、「わが庁では……」というアピールをする必要があるのだろう。

しかしこうした官の側のアピールを真に受けて、私のようなエクストリーム大家が、「検察庁絡みの入居者を引き受けたいのですが――」というのはまず無理。そもそも引き受ける大家が決まっているからだ。

むかっ腹を余計に酷くしたところで、あえて御用ＮＰＯの代表ふたりとお役人の御一行様に近づいてみた。何やら仲良さげに談笑している。このセミナーでとんだ芝居を見せられたものだ。

そのとき、さほど親しくない年配の不動産業をメインとしているエクストリーム大家が背後から声を掛けてきた。

「あんた、若いなあ。まあ、名誉はカネでは買えんからなあ……」

「はい？　どういうことですか？」

「あんたは本も書いたりして、作家さんちゅう肩書や世間が認める名誉があるやん」

「私に名誉などないですがね」

「有名やないか。ネットで名前見たで。それも目に見えへん勲章や」

表情から察するに私に好意的に話しかけてくれていることがわかった。それで私は発言の真意を聞いた。

すると彼は右手の人さし指と親指をくっつけて円の形を作り、左胸にそれを当てた。ここまでされると頭が悪く察しの良くない私でもその意味するところがわかった。

「その名誉とは勲章。受勲ですか……？」

「まあ、そういうことや。うちらとは関係のない世界や。今日のうちらはただの賑やかしゆうところやな」

一歩引いたところで御一行様のうちのひとりが黙って私たちのやり取りを見ていたのがわかった。

耐震基準は公平性を装うための道具に過ぎない!?

保証人なし、保証会社も不要。必要なのは毎月きちんと家賃を支払うこと。ただし、それがちょっと相場よりもお高め——そんなエクストリーム大家業は、将来的には法規制の網にかけられる。この業に携われば携わるほど私はそう思わずにはいられない。

誰しも住むための家は必要だ。だが何らかの事情で家を借りられない人は依然と存在する。

この人たちに家を貸すことは、これまでも繰り返し述べてきたようにいくつかのリスクが伴う。そのリスクとは、概ね「家賃滞納リスク」「犯罪関与リスク」「自然災害リスク」に集約されよう。

このうち家賃滞納は、エクストリーム大家業に限らずどの商売でもあり得る話だ。商品であるモノやサービスを提供したのに、代金を支払ってくれないというものである。

これは極論すれば入居者と大家の問題だ。行政、ましてや警察がどうのこうのという問題ではない。民事不介入。どういうスタンスであれ行政が入り込む余地はない。

しかし犯罪関与リスクや自然災害リスクについては十分に入り込む余地がある。これらリスクをテコとして行政がエクストリーム大家業に関与し、采配を振るうようになるはずだ。

まず犯罪関与リスクについて。これは言わずともおわかりだろう。エクストリーム大家業は、その顧客対象からどうしても犯罪との相性がいい。

そうなると行政が目を光らせるのは当然のことである。令和の時代に入り、社会はますます一点の曇りも許さない漂白化された世相を望むようになってきた。

そうした世相では、少しでも犯罪の臭いが漂うもの、もしくはその臭いを発する可能性があるものを取り締まろうという流れになるのは、ごく自然な成り行きである。

今、犯罪者に関する居住問題は深刻だ。『犯罪白書』（平成30年度版）によると、受刑者の居住状況は初入所者と再入所者とでは、住所不定の者の数は再入所者が高くなっているのだ。２０１８年を例に取ると、再入所者のうち21・９％が住所不定者となる。この数字は近年、ほぼ同じ割合で推移している。

もっとも刑務所に何度も出入りするような人たちである。遵法意識は希薄で、善悪を超越した世界観で生きている。家を持って定住するという型に嵌ることを嫌う傾向にある。

この２割強の再入所者たちを囲い込み、この者たちに速やかに、そして確実に家を貸せるとなれば、これは新たなる収益分野として目をつける者もいるだろう。

現状で大家業は、多少の異論反論はさておき、大枠ではいかなる者でも参入可能だ。その氏素は問われない。

自由参入制であるがゆえ、居住支援法人格を持たず、ただ「家賃さえ頂ければＯＫ」と標榜する大家が持つ物件に出所した人が入居したとしよう。ここで彼が再び犯罪に手を染めたとなれば、行政の論理では「出所後に住む家にも目を光らせたい」となるはずだ。

だから、刑務所帰りの人たちが住む物件を持つ大家の経歴や思想が重要視される。再犯防止に協力する〝健全な大家〟が好ましいとなる。

セミナーに参加した、居住支援法人格を持つＮＰＯの代表たちは皆、行政に協力的で素性も申し分のない経歴の人たちばかりだ。官の側からすれば、こうした「言うことを聞く大家」は手厚く遇したいと思うだろう。

具体的にはどうするか。まずわかりやすいのは補助金や助成金だ。だがこれを渡すには何か理由がいる。公正で透明度が高く、誰もが納得する理由でなければならない。

現状では、ここで登場するのが「耐震基準」なのだ。

法律に基づき、最新の耐震基準を満たす家屋を財務面でもやり繰りして提供している――そういう大家を官は守りたいと思うだろう。

対して、いくら補修工事を施しているとはいえ旧耐震基準の物件を持つ大家は、補助金・助成金の支給基準からは外される。そもそも官から見れば、最新の耐震基準を満たしていないという時点で「官の言うことを聞かない・聞けない」大家だからだ。

耐震基準と財政面、経歴や思想というふるいにかけられて残った大家の多くは、大規模なＮＰＯといったところだ。古くから地元に根づき、幼稚園や保育園の経営も行っているような寺社や教会などの宗教法人、保護司を経験している人が代表を務めるＮＰＯ法人、同じく刑務所出所者の雇用を積極的に推し進めているような企業である。

いわゆる〝町の篤志家〟と呼ばれる人たちといえばわかりやすいだろうか。町の篤志家が関わっている居住支援法人格を持つ大家が、同法人格を持たない、いわば〝無印〟の大家に入居者（＝客）を持っていかれるようなことは、行政としても避けたいところだろう。だから私のような大家は徹底的に排除され、新規参入も認められない。居住支援法人格を持つ大家の独占市場が確保される。

居住支援法人格を持つ大家たちは、そもそも相場か、それ以下で家屋を提供するケースが多い。官の側は補助金や助成金のほか、なんとか日頃の労を労うためお礼をしたいと考える。これが叙勲に見られる名誉だ。こうした名誉を与えられるとともに「官の信頼に裏打ちされた、継続性のある安定した収益分野」という合法的な利権を手にするという構図だ。

さて、この構図はどこか既視感を覚えた。バブル崩壊後、２０００年代初頭に社会を揺るがせたゼネコンと公共事業の問題だ。かつての建設業界は、官と業界各社がぴたりと呼吸を合わせて事業を進めていたものである。

大掛かりな公共事業ではA工区は○○社、B工区は××社といった具合に、行政の発注前からどこの工区をどこが引き受けるという〝話し合い〟が行われ、業界のなかでも官と密接な関係にある社がこの段取りを組んでいた。

そして、その幹事社と呼ばれる代表格の企業をテコとして業界全体に官が睨みを利かせる――。そんな業界の慣習が蔓延っていた。

このゼネコン問題というパンドラの箱が開けられてから、出てきたのが「下請け・孫請け」問題だ。

ある建造物の施工を請け負っているのは表向きは大手の優良企業だ。しかし実質、工事全般を担っているのは下請けの零細、それも今日でいうブラック企業である。下請け、孫請け企業は杜撰な工事を行い、後でそれが露呈する。そうした事案が頻発し社会問題となったことは、今ではあまり語られることはない。

今、建設業界の業界風土はかつてと比べ、自由度と透明度が高まったというが、根本はあまり変わっていないという声も多々聞こえてくる。

まだ業界といえる規模にはなっていないが、エクストリーム大家業の世界でも官との関係や距離の取り方を見るにつけ、かつての建設業界を思い出さずにはいられない。人は何か事があると歴史を振り返れという。その建設業界と官との関係で何があって、その後、業界と社会はどう変わったかを丁寧に見ていけば、これからのエクストリーム大家業の未来も占えるのではなかろうか。

お墨付きを得られなかった大家と入居者はどうなるのか

官のお墨付きを得た大家の元には、やはり官からお墨付きを得た入居者が集う。

ワケありな層に位置する人たちにも、官からお墨付きを得た人たちがいる。たとえば生活保護受給者で家賃扶助額以内の家賃の住居に住んでいる人が挙げられよう。ほかには就学援助などを得てハローワークなどで職業訓練を受け、正社員として就業している人も該当する。あるいは出所者のうち、入所中の素行が良く、更生の見込みのある早期出所者もそうだ。

いずれも行政の目が行き届く、官が望ましいと考えるモデルケースといえばいいだろうか。いかにも行政のパンフレットに載りそうな人たちだ。

対して、その逆はどうか。官から見て望ましくない人たちもいる。家賃扶助額以上の住居に住んでいる生活保護受給者や何らかの事情で生活保護を受給できない人、反社会的団体に関与していることを標榜している不良者、信用情報に傷がある人、出所後に正業に就かない人……。

行政の網にかからない人やそこからはみ出た人たちである。

お行儀の良い前者は行政が描く絵の通り、大家の温かい目に見守られながら真っ当な仕事に就き、地域住民と触れ合って、和気あいあいとした生活を送るだろう。まさに絵に描いたような「更生者（＝入居者）」と「篤志家（＝大家）」という配役だ。「行政劇場」のヒーロー（＝大家）とヒロイン（＝入居者）である。

一方、後者は私のような官から見て望ましくない大家の元に集まってくる。

私の体感では、最近になって「お墨付きの大家＆入居者」、「無印の大家＆入居者」と両者の棲み分けが図られつつある。

そう遠くない将来、住宅セーフティネット法の改正や新法により、すべての生活保護受給者と出所者の受け入れは、居住支援法人格を持つ大家にのみ許されるという時代がやってくるのではないか。

そうすると、私のような居住支援法人格を持たず、耐震基準も古い家屋を提供するようなエクストリーム大家はどうなるのか。

その答えは、居住支援法人の「下請け」になることだ。近い将来、居住支援法人でなければ生活保護受給者や出所者の入居を引き受けられないという時代が到来したとしよう。官から見れば、こうしたグレーゾーンの人たちも把握しておきたい。にしても、居住支援法人はグレーゾーンな人を抱えるのは嫌なはずだ。

この両者の思惑が一致するのが、下請けビジネスなのだ。

無印大家＆入居者の動向は居住支援法人格を持つ大家を通じて把握ができる。お墨付き大家からすれば、無印大家から〝テナント料〟をせしめることができるのだ。代わりに無印大家は引き続き、居住支援法人格がなくても商いを続けられる……こういう絵を誰かも う描いているのではなかろうか。

本当の弱者とは、行政や社会から見捨てられた人たちだ。たとえそんな時代がやってきたとしても、私はそんな彼・彼女らの寄る辺であり続けたい。

エピローグ

Epilogue

それでも
エクストリーム大家は
生き残る

なぜヤクザは小学生だった私にドロップを渡したのか

今でも忘れられない光景がある。

あれは小学校6年生の頃だったか。暑い夏の日、母と私は神戸・湊川公園にいた。ここはかつて強烈な個性を放つ公園で、世間と折り合いがつかない人たちが集う場として知られていたところだった。


「これ、ボンに——」


公園を歩いていると、見知らぬおじさんが声を掛けてきた。当時、子どもだった私の目から見て50歳くらいか。もっとも今、私は50歳を超えて思うに、おそらくもっと下の世代だったのかもしれない。

背は低かったものの妙に鍛え上げられた貫禄のある体型。夏なのに長袖のYシャツというよりブラウスといったほうがしっくりくる装いをしている。白シャツからはうっすら刺青が透けて見える。

子どもながらに〝その筋の人〟ということがわかった。そんなおじさんが、母のほうを見ながら、私に缶入りのドロップを渡す。とっさに母の顔を見る。

母は笑った表情をするが目は笑っていない。首を縦にコクッと動かす。「頂いていいよ」

という意味だとわかった。「ありがとうございます」と私は丁寧にお礼を言う。おじさんは、「おお、偉いな。しっかりご挨拶できるんやな」と言い、私の頭を撫でた。

「ありがとうございます。よろしいのですか?」

「いや、べっぴんさんが歩いとったから。あんたには直接声掛けにくいけど、ボンやったらな。まあ、声掛けやすいよってにな……」

「ほんとありがとうございます。お家でゆっくり。私も一緒に頂きます」

「そうか。なんか困ったことあったら言うてや」

こう言いながら名刺を渡す手は指が欠けていた。名刺には「○○組△△組□□会若頭補佐」というような肩書が墨字で書かれていた。今思うにこれは末端組織に近い立場の人なのだろう。

母は、「ご迷惑をおかけしないようにいたします」と言い、そのまま私の手を引いて、客付け目的で、この公園でホームレスと思しき人に声掛け営業に勤しんだ。要するに縄張りで〝商売〟するために筋を通していたのだ。

わが母はとても美人だった。神戸なら湊川公園や東遊園地の一部、大阪なら西成にあったあいりんセンター付近でよくこの手の人から声を掛けられていた。

だが後に、こうした声掛けは、単に男性が当時30代前半の若い女性に向けたものではなかったことを知る。

私が大学生の頃、母とこの湊川公園での思い出を話したことがあった。

「若い子連れの女が、人さらいして、生活保護費を巻き上げている――」

そんな声が公園に集う人、とりわけ暴力団関係者の間で当時囁かれていたことを母から聞いた。あれから約10年後の22歳の頃だった。

人生の大半をフリーの記者として過ごし、社会の裏側を見てきた経験からすれば、暴力団関係者というのはやや大仰かもしれない。チンピラ、三下（最末端）の類だったのだろう。それにしても、こうした人たちは一般人から見ると恐ろしく、なるべく関わりたくないものである。

とくに世の多くの女性は理屈抜きで関わりを嫌がるものだろう。本人がよくても家族は嫌がる。うちに限れば、父は母のこの副業をとても嫌がっていたものだ。

そこまでして、なぜ。危険を冒してまで、なぜ世間の常識から外れたような人たちを相手に家を貸すのか。もっと真っ当な人が世の中には大勢いるのに。どうしてこの人たちを入居させるのか。大学生だった私はそれまでずっと思っていたことを母に訊いた。

「覚えてるかな？　あなたと湊川公園に行ったときのこと。小6のときだったかな。缶入りのドロップ、ヤクザ屋さんのおじさんから頂いたことあったでしょ？」

編み物をしながら母が私に言う。

「ドロップってね……。甘くて、なかにはちょっと酸っぱいものもあるけれど、どれも綺麗よね。そこに砂糖が塗ってあるからかな。キラキラしているけれど、少しくすんだ感じがするでしょ。そんな日常が楽しいからかな」

わかったような、わからないような。でも、50歳を過ぎた今、こう思う。たしかにエクストリーム大家業はキラキラと輝くコンペイトウではなく、少しくすんだ色のドロップのようだ、と。一般的な大家との差を的確に表しているように思えるのだ。

そして今日も警察から電話があった

――湊川公園でヤクザからドロップをもらった当時から約40年後。私は朝、シャワーを浴びていた。うちの浴室は玄関の様子がよくわかる造りになっている。すると、男性ふたりが訪ねてきたことがわかった。おそらく何かの営業か、マンションの管理会社の人だろうか。私は、子どもの頃とは打って変わってすっかり禿げ上がった髪にシャンプーをつけた。

「あなた、○×警察署の方だって……」

妻が浴室のドアを開けて私を呼ぶ。その声は、心なしか「何か入居者がしでかしたのでは？」という含みがあるように思えた。

エクストリーム大家をしていると、警察の方が来るのは日常茶飯事だ。それは入居者に何かあったか、何かしでかしたか。かつての入居者であれば、近隣住民への暴力行為、万引き、児童ポルノに乱交パーティである。

私は濡れたままの髪でバスタオルを腰に巻き、インターホン越しに警察官に着替えるまで待ってほしいと告げた。

急いで服を着て、私はドアを開けた。

「兵庫県警の○×署です。石井（入居者・仮名）の件でお伺いしたく。一応、大家さんということで関係者としてお話を……」

私服の警察官――いわゆる刑事が私に話しかけた。ひとりは茶髪にメッシュ、その服装は「お兄系ファッション」「ヤンチャ兄貴」といった風体だ。もうひとりも髪は短髪だが、限りなく金髪に近い。目にはカラコンが入っている。上下ともブランドもののジャージのセットアップだった。

かつて事件取材もしていたことがある私が知っている刑事像とはずいぶん違う。詐欺知能犯、選挙違反などを担当するビジネスマン然とした捜査2課の刑事が多かったからだ。それとは明らかに雰囲気の違う人たちだった。

ひと口に刑事さんといってもいろいろある。人命に関する事件を扱う捜査1課系、先でも触れた知能犯系の捜査2課系、窃盗の捜査3課系、ほかは国を揺るがすようなテロや政治犯罪を扱う公安系……そのどれにも彼らは当てはまらない。

だが、察しはつく。「薬銃の薬専か」。薬銃とは、薬物銃器担当の略だ。多くは刑事課の組織犯罪対策関係の部門に置かれている。違法薬物や銃器関連の取り締まりに当たっている。

このときの私の勘は正しかった。とっさに妻が前々から話していたことが頭の中を過った。

妻曰く、件の入居者は「今どきの若い子には珍しく、やたらとコロンをしていた」「窓を真っ黒のシートで覆っている。本人はプロジェクターで動画を見ていると言っている」

「遊びに来ているお友達や彼女がすべてヤンチャ系の子たちばかり」という。

妻のこうした着眼が行き着く先は「大麻、違法薬物」だ。大麻は独特の匂いがする。それを隠すためにかなりきつめのコロンをしていた。窓を真っ黒のシートで覆っているのは大麻を栽培しているためで、光量を調整する必要があるからだ。加えてドレッドヘアに鼻ピアスの友人たちが頻繁に訪れている。

これは警察ならずとも「極めて疑いが濃厚」となるだろう。すべてに辻褄が合うのだ。大家として私は、事実を突きつけられた思いだった。そして関心事はただひとつ、今部屋の中がどうなっているか、だった。

石井は家賃を滞ることなく毎月きちんと支払っている。仮に逮捕され、実刑となったとしても家賃さえ払い続けていれば部屋は貸す。それがうちのスタンスだ。

だが、家賃を支払えないとなるとどうなるか。退去させて片付け、客付けするというステップを踏まなければならない。仕事が増える。正直、「ちぇっ、またか」と鬱陶しい気持ちになった。

なんとか件の入居者と連絡を取り、今後、家をどうするのかを石井本人に聞きたかった。しかし、彼の姿は最近見ていない。はて、どうしたものか。そうしたことを瞬時に頭の中で巡らせつつ、私は目の前の現実に向き合った。

連絡が取れない！　行方をくらました入居者

「何をお話しすればよろしいでしょうか？」

　メッシュ刑事は「家賃の支払い状況」「最後に石井を見たのはいつか」といった質問を私に投げかける。事務的に答え、質問が一区切りついたとき、私はふたりの刑事に問うてみた。

「彼は、いったい何をしたのでしょう？」

　メッシュ刑事は「いや、ある事件に極めて濃厚に関わっている疑いがあって……」と詳細については口を閉ざす。この日、私は所用で出掛けなければなかったので「夜、あらためて電話します」といったん話を置いた。

　刑事たちが帰った後、妻はイケメン刑事の来訪を喜び、「メッシュ刑事（デカ）」「カラコン刑事（デカ）」と勝手にあだ名をつけてはしゃぐ。

　そんな妻を見て、あらためて思った。「この仕事に理解がある女性（ひと）でよかった」と。

　実際、普通に生活をしていると刑事から事情を聴かれる機会はほとんどない。自分が犯罪とは関係なくても、刑事の来訪だけでも嫌う人が世の中の大半だろう。

かつて父も、母がエクストリーム大家という副業をしているのを嫌い、その件で諍いが絶えなかったものである。

「わざわざあんな連中に家貸さんでも……。ごく普通の人に貸せばいいだろう」

「言葉を返すようだけど、〝ごく普通の人〟って何？」

「きちんと働いて税金を納めて……そういう人だよ」

「税金を納めていない人は、皆、〝普通の人〟ではないのかしら？」

「屁理屈を言うな」

「いいえ。これは原則論の原則の確認です」

こうして揉めた後、母は父の背中に向かってアカンベーとベロベロバーのジェスチャーをして気を紛らわせていた。

それに比べると、私は恵まれているのかもしれない。

母がこのエクストリーム大家を営んでいた昭和の時代から進んで令和の今、社会全体が、それまであまり光が当てられなかった分野について——たとえばホームレス問題であったり、元受刑者の住居問題について——徐々に理解が深まっていることもあろう。

とはいえ、エクストリーム大家業を営んでいる身からすれば、今でも少なからず世間の目というものは気になるところがある。

とりわけ今回のように刑事が訪問してきたとなると、世間の目を強く意識するものだ。このように周囲の理解者に恵まれないと、このエクストリーム大家業を営むことは難しいだろう。

刑事たちが訪ねてきた日の夜、私は名刺の番号に電話した。一応、記者の端くれだ。あれこれ聞くうちに、石井が関わった事件の大枠が見えてきた。要はうちの物件で違法薬物を他人に譲渡したという疑いである。

彼の経歴はこうだ。高卒後、実質職歴なし。ずっと生活保護で生活している22歳。行政には内緒で、こっそりネットでいろいろなものを販売していると大家である私には明かしていた。洋服や中古車の部品などなど。またFX取引をしているとも自称していた。ただ、その割には生活保護から抜け出せるだけの収入があるようには見えなかった。

時折、私に連絡を寄越し、「何か余っている食べ物があれば」と、食料を無心することもしばしばだった。少し厚かましいかなと思うところもあったが、20代前半の男性でひとり暮らし。私に話したそれまでの来し方や背景に同情するところもあった。

私や妻は若干の違和感を持ちつつも、たまに余ったファストフードやお菓子をお裾分けして、その生活の様子を窺うようにしていた。

とはいえ、ドレッドヘアのガラの悪そうな友人や、ヤンチャ系ファッションに身を包んだ仲間が一緒だったことは気がかりではあった。

石井は入居時、自らの生い立ちについてこう話していた。

幼い頃に親が離婚。母親は再婚し、新しい父親と折り合いが悪く徐々に家と疎遠になる。中学生で児童養護施設に入り、高校を中退して上京。しかし、そんな学歴で雇ってくれるところもなく、都営住宅に入居し生活保護を受けながら生活を立て直そうとした。その後、貯金もできたので心機一転、子どもの頃から憧れていた神戸にやってきた、と。不動産会社の契約社員で営業マンとして働いており、将来的には彼女と一緒に住み、結婚する予定だとも話していた。

後に、彼が私に語ったこの経歴は、事件の全貌が明らかになるにつれ真っ赤なウソだということがわかった。

彼は刑事たちが来る2か月ほど前から姿を見せなくなっていた。区役所の生活保護担当やケースワーカーからも「行方を知りませんか」と連絡が来ていた。

石井は私からの電話にも当然、出ない。もしかして彼は何か事件にでも巻き込まれたのか。ただ不思議なことに家賃はきちんと振り込まれてくる。実は4万円の生活保護の家賃扶助費から足が出た分の差額2万5０００円だけなのだが、それでも遅れることもなくきちんと支払っているのだ。正直、大家としては何もできない。

たしかに、年配の入居者のなかには、「自分と連絡が取れなくなったら、遠慮なく合鍵で入ってや」という人もいる。だが、これは本来あまり好ましくない。姿が見えないという理由で大家が家にに入るのは、入居者の立場に立てば嫌なことに違いない。

仕事で長く家を空けるということもあり得るだろう。だから入居者と連絡が取れないという理由だけをもって合鍵で家の中に入るということはできない。下手をすれば住居不法侵入罪に問われる。また民事訴訟をされても勝てないだろう。賃貸借契約が継続している限り、借主は部屋を使用する権利があるからだ。大家が勝手に入るには、裁判所の手続きを経て強制力を伴う家宅捜索の申し立てをするしか方法はない。

石井の行方がわからなくなってから、近隣住民からも「あの部屋、ちょっと気持ち悪い」という風聞が聞こえてきた。結局、こうした場面で、エクストリーム大家は近隣住民から、「あんな連中に家を貸しやがって」と言われるのだ。これはエクストリーム大家という生業ならではの業(ごう)といったところか。

家宅捜索に立ち会ってわかった入居者の本当の経歴

石井の行方は杳として知れず。警察も居所を突き止めるのに必死だった。私は、とにかくにも家の中の様子を知りたい。そのためには件の入居者が帰宅したタイミングでガサ入れ——家宅捜索を是が非でも行ってもらいたかった。私は、自分の入居者を売るような罪悪感も若干あったが、ことは刑事犯罪だ。積極的に警察に協力することにした。

電話は通じないので、メールを送信してみた。これならたとえ電話を止められていてもＷｉ‐Ｆｉ環境さえあれば、返信できるからだ。これは以前の入居者から学んだ。

しかし何度かメールをしたが、折り返しはない。そこで一計を案じた。「生活保護受給を停止される恐れがある」という文面を入れてあらためてメールを送ってみた。受給者に何かを言う際もっとも効くのが、この「生活保護受給停止」という言葉である。

生活保護受給者にとって、これを止められることはサラリーマンでいうところの解雇に等しい。生活の糧が取り上げられるからだ。

現在、市外に暮らしているなら「果たして神戸市で生活を保護する意味があるのか」となるのは当然だ。石井については、神戸市の関係者からも「いつ訪問しても本人がいないので、このままでは生活保護を停止する。ついては、その際、大家さんに神戸市が本人に代わって支払っていた家賃も振り込まれないことになる」との連絡も来ていた。そこで、その旨のメールを再度送信し、折り返しを待つことにした。

翌朝、スマホに石井からのメールが届いていた。関西から離れた地方で仕事をしており、なかなか神戸には戻れなくなったと書かれていた。何かあれば、現在の住所に手紙を送ってほしい由が記されていた。

早速、警察に連絡を入れ、現在の居住地を伝える。その日のうちにカラコン刑事と、新顔のガタイがいいアメフト刑事（妻が勝手に名付けた）が拙宅にやってくる。大家である私から調書を取り、それを持って裁判所で家宅捜索令状を出してもらうためだ。

数日後、石井の住む物件の家宅捜索が行われた。私は合鍵で開ける。警察はその逐一を写真撮影する。これもエクストリーム大家ならではの体験だろう。

メッシュ刑事とカラコン刑事の後に付き添い、妻とふたりで家宅捜索を見守った。家宅捜索は想像以上に丁寧に行われる。ゴミの付着物、タバコの吸い殻に至るまで調べ上げているのがわかった。

肝心の部屋は、思ったよりも綺麗だった。リフォームの必要はなさそうだ。これが判明しただけでも家宅捜索をしてもらってよかった。大家としての偽らざる心境だ。仮に石井が戻ってきたとしても、これだけ綺麗に部屋を使ってくれているなら大歓迎である。

家財道具といっても冷蔵庫と洗濯機、ベッドくらいだ。処分費がかかるようなシロモノなので、『ジモティー』で無料で誰かにあげたほうがいいかもしれない。早く原状回復させ、次の入居者を客付けするまで、どのくらいの時間とカネがかかるのか……私は頭の中は、家宅捜索の最中、それればかりが気になった。

この家宅捜索で私は、石井の本当の経歴や生い立ちを知る。

部屋には各種の請求書や督促状の束が散乱していた。それらに混じり、保護司からの手紙や法務省の保護観察に関する書類もある。さらに交通事故に関する啓蒙教材や交通事故被害者からの手紙などがゴミ箱に入っていた。アルバムもあった。そこには石井らしき子どもが親と仲良く写っている写真があった。

これらから察するに、親とは疎遠というのは事実である。だが、それは本人が言うような親の離婚が理由ではなく、無免許で交通事故を引き起こし保護観察処分になったということなのだろう。養護施設で育ったというストーリーもどこかの勾留施設にいた話をそう書き換えて私に伝えていたようだ。自らの高校中退も引き起こした交通事故に端を発するものとみていい。そして神戸にやってきたのは、事故の被害者や保護観察から逃げるためだったのだろう。私の物件に入居した後、勤めていた会社を辞めてうつ病の診断書を取り、生活保護を申請した。

部屋の中の散乱物から、およそこれだけの事実が判明した。正直、エクストリーム大家業も長くなってきた私にすれば、「まあ、こんなものかな」というのが偽らざる心境だ。


「石井君、綺麗に経歴を書き換えていたわね」


刑事たちが作業ズボン姿で家宅捜索をしているなか、妻が私に言う。

私は、「うちの入居者の言うことは深く掘り下げないことかな……」と、亡き母がよく言っていた言葉をそのまま返した。疲れが溜まると眼にくる体質の私は、このとき、ずしんと眼に鉛の芯が入ったような気がした。

やはり警察による家宅捜索は、何度経験しても慣れることはなく自分が事件の当事者ではなくともそれなりにこたえるものである。
この日、石井の滞在先にも同時に家宅捜索が行われ、本人も取り調べを受けた。石井はいたって元気で取り調べにも素直に応じたとメッシュ刑事は後で教えてくれた。
家宅捜索からしばらくして私は、弁護士を介して石井に連絡を取った。このまま住み続けるのか、それとも退去するのか。退去なら家財道具一式をどうするのか。こちらで処分していいのか否か。

「**退去します。家財道具はそのまま大家さんのほうで処分して下さい**」

弁護士を介してこう返答があった。過去、私の入居者で刑事事件を引き起こした人のうち、そのまま住み続けるという人と退去する人の割合はおよそ半々くらいである。
石井の場合、まだ若く、また神戸という土地は彼自身の地元ではないことから、退去の方向で話が進むだろうと予測していた。だから、退去すること自体はさほど驚かなかった。
だが、次の言葉に私はいささかの驚きを感じた。

「**家族と一緒に写した写真があります。それだけは取り置いて頂けないでしょうか**」

家宅捜索の最中に見つけたアルバムにあった写真。少年時代の石井が、母親と思しき女性や姉と思しき年齢の近い女性と３人で写っていた。それを指しているのだろう。

私は部屋を整理しながら、リクエストに応じてこの写真とアルバムを取り出し、段ボール箱に入れてすぐ、宅配便で石井の弁護士の元へと送った。

しばらくして弁護士から「無事に受け取った」旨の連絡が来た。これで石井との縁は切れた。一応、手紙に、「もし、また入居するのであれば大歓迎です」と書いておいた。とはいえ、実際に彼が再び私の元にやってくることはもうないだろう。

なお、石井の家財道具は『ジモティー』で売った。冷蔵庫が１０００円、洗濯機が25円、ベッド一式が50円だった。その他、食器類もすべて処分した。しめて１０７５円。

これが唯一の臨時収入だ。大家である私の作業料を含めると、もちろん大赤字である。

社会的規範や法律を超越した生き方を理解する

「いつだったか、入居者のおじさんが言っていたよね？ 引っ越しなんてＮＰＯが全部やってくれる。後始末してくれる、って。あれ、こういう意味だったのかしら？」


騒動が一段落したとき妻が言った。たしかにそうだ。

ワケありな人たちは、よくも悪しくも何物にも縛られず自由に生きている人が多い。だから法律はもちろんのこと、社会的な規範や世間的なモラル、挙げ句には善悪まで超越した世界に生きている。

あくまでも私がエクストリーム大家として入居者を見た限りの体感だが、社会経験を積まない若いうちに鑑別所だの刑務所だので過ごした人、生活保護受給を受けた人で、とくに家族との縁が薄い人ほど、その傾向が顕著だ。

そんな人たちでも、自分の暮らすエリアに生活基盤を作ろうとする。もっとも、ここでいう生活基盤とは「ツケが利く飲み屋の開拓」であったり「お金を貸しくれるヤミ金や金利の安い日掛け屋」だったりする。

そして1年ないし2年、その土地で暮らすと、飲み屋や博打のツケが溜まっていき、酒場の女性と懇ろになる（周囲から見ればストーカーまがい、もしくはただ女性に絡んでいるだけだが）。やがて支払いに行き詰まり、女性へのちょっかいを理由に酒場を出入り禁止になる。ヤミ金や日掛け屋も、もう貸してくれない。追い込みもキツくなってきた。

これでは日々の生活は面白くない。幸い、全国津々浦々どこに行っても役所へ行って「生活保護を受給したい」と申請すれば、余程のことがない限り認められる。移動を妨げる柵もなければ、その土地に未練も愛着もない――そうすると、もうこの町も潮時とばかりに別の土地へと移っていく。

令和の現代だ。思い立ったが吉日、ネットで検索して家探し、あるいはＮＰＯにメールを一本打てばいい。着の身着のままで引っ越し。翌日からは別の土地での新しい生活がスタートするのだ。

これを1～2年といったサイクルで繰り返す。引っ越しと年齢を重ねれば重ねるほど、行政やNPOからの扱いも、より丁重になっていく。

私が知る限り、こうした人たちは話をしていてどこか社会や人と折り合えないところがある。それでいて不思議と人を楽しませたり、溶け込もうとする一面も持っているものだ。カネもないのに高級カステラや地元のお菓子をお土産として持ってくる。ちょっとしたカネが手に入れば周囲に豪勢な食事や酒を振る舞おうとする。

一方、大家には最初、丁重な姿勢で接してくるが、ひとたび自分が受け入れられたと知るや、態度を豹変させる。傲慢極まりない無礼な物言いになり、そしてとことん甘えてくる。容赦なくたかりに来て、どんどんエスカレート。やがて想像を超えた行動に出ることもしばしばだ。

入居して3か月ほど連絡がない入居者がいた。様子見がてら物件近くの喫茶店に誘い、ふたりでコーヒーを飲み、雑談をして別れた。

しばらくすると、この入居者から「大家さん、お茶でもどう?」と連絡が来た。仕方なく前回と同じ喫茶店に足を運んだ。

入居者はすでにオーダーを取り、狭い喫茶店のテーブルにピラフやカレー、ミックスジュース、サンドイッチにコーヒーを並べている。雑談をし終えると、平然とした顔で伝票を私のほうへ回してくる。

1～2回くらいならまだ許容範囲だ。しかし、3回、4回となると、これはおかしいとなる。5回目を超えるともうアウトだろう。だが、相手はそれがわかっていないのだ。

こういう行動様式や発想をする入居者は実に多い。

それが転じてトラブルも頻発する。ある入居者の場合、窓の調子が悪いと連絡が来たので私は業者に修繕を依頼した。後で業者から連絡が来る。なんでも入居者のほうで、大家である私が依頼していない修繕個所をあれこれ指示してきたという。


「仕事増やしたる。その儲けの何割か、寄越せや――」


うちの入居者が工事業者に言った言葉である。

どこまでもせこく、ずる賢い。こうした発想が浮かび、言葉を吐けるのは、ある意味、才能というか特性というか、ごく普通に暮らしている人にはない感性である。

その点では、先に紹介した石井のようなタイプやヤクザ者を自称する人たちは意外にもこうしたトラブルは少ない。たとえば近隣住民や酒場などで喧嘩沙汰も不思議と起こさないものだ。

トラブルを起こせば警察沙汰となる。どういう理由でも警察の厄介になることは避けたいからではないだろうか。本当の元ヤクザやヤンチャをしていた人ほど、身を潜めるようにおとなしく生活している。家賃の滞納もまずない。

発達障害という視点から入居者を考えてみる

それまで「親切な大家さん」とニコニコ顔ですり寄ってきていた入居者が、鬼の形相で面罵する。それまでの慇懃な態度を一変させる入居者について何度か紹介してきたが、豹変するタイミングは、エクストリーム大家をしていると、およそ察しがつくようになる。

私はこれまで、「人を食い尽くす」「態度を豹変させる」というふたつの特性は彼、彼女らの〝生きる術〟だとずっと思っていた。

ところがその私の考えはどうも違うのではないかと、最近、思うに至った。

近年、社会問題として取り上げられるようになった発達障害の問題だ。

ここでは詳細については触れないが、種類として、ＡＳＤ（自閉スペクトラム症）やＡＤＨＤ（注意欠如、多動性障害）、高機能自閉症……などなどがある。

今まで私自身は、あまりこの手の問題に興味や関心がなかった。だがひょんなきっかけで発達障害について取り上げている記事を読んでみたら、実にうちの入居者たちに当てはまるところがあり、以降、この手の問題に関心を持つようになった。

発達障害の特徴は対人、もしくは対社会でのコミュニケーションに支障をきたすというものだ。加えて衝動性もある。

これに照らすと、先に触れた入居者を理解できるかもしれない。一度、コーヒーを大家がご馳走した。ゆえに自分は大家からは何でも奢ってもらえると理解した。ただし限界がわからないので、たくさんのオーダーを取る。それを何度か続け、最後は私がブチキレてその関係が終わる。すると今度は私の悪口をあちこちで吹聴し、しつこく粘着してくる。相手にされないとわかるや、対象を別の人物に移していく——この繰り返しだ。

だが、これも発達障害ならではのコミュニケーション手法と「過去の反芻（嫌な思い出、記憶を何年も固執して持ち続ける）」と思えば、どこか合点がいく。

衝動性も本書で触れた。それまで暮らしていた土地をある日、突然捨てて着の身着のまま新天地へと向かうという行動で理解できよう。

金銭感覚にしてもそうだ。明確にカネがないのに大家に土産を持ってきたり、ご馳走したりする。カネに執着しないさっぱりした性格ではなく、金銭感覚という概念がそもそもないのだ。

もちろんワケありな人たちのすべてが発達障害を抱えているわけでない。そんな乱暴なことをいうつもりはない。

だが、明確に社会全体の助けを必要としている人たちを数多く目の当たりにしている者としては、発達障害の問題について真面目に議論をしなければいけないと思う。エクストリーム大家としても、積極的に発達障害の人との関わり方やノウハウを知ることが求められているような気がする。

発達障害に詳しい専門家によると、そう診断されない人のなかにも、基準に満たないグレーゾーンの人たちがいるという。生活保護の受給基準をわずかに満たせず、生活面で苦労を強いられるグレーゾーンの人たちと同じく、発達障害でもそうした苦しんでいる人がいるのが現状だろう。

エクストリーム大家という視点でこれらを語るならば、生活保護受給者や出所者など行政からの「お墨付き」を得た人は、これからの時代は居住支援法人格を持つ大家のところへ行くことになる。

対してグレーゾーンに位置する人たちは、今後のエクストリーム大家のメインターゲット・想定顧客になるのではないだろうか。行政からは相手にされず、社会からは疎まれ、誰からも理解されない――そうした人たちの寄る辺となるのは、同じく、私のように行政から相手にされていない在野のエクストリーム大家なのだ。

コンペイトウを目指すかドロップのままでいるか

かつての昭和の時代。貧困ビジネスの走りともいえるエクストリーム大家業は、それこそ反社会的勢力と隣り合わせの世界だった。そこに利権があるからだろう。

だが、人権問題について世間の理解が進み、また貧困ビジネスというスキームについても広く世間が知るところとなった平成の終わり頃から、それまで完全に民間の分野だったエクストリーム大家にも行政の手が入るようになった。

反社会的勢力の姿は鳴りを潜め、代わりに出てきたのが本来、居宅とは一見無縁な法務省や検察庁だ。

役人の世界は縄張り意識が強い。全国の地方自治体も絡めて今、エクストリーム大家業を行政の傘下に置こうとする動きが、年々、活発になってきた。

居住支援法人格を持つ、行政に近しいエクストリーム大家たちは今、こぞって官による首輪(行政による認定)をはめてもらい、飼い犬よろしく品よく振る舞って、ご褒美にアメ(税制優遇、補助金や助成金支給)をもらおうと躍起だ。生活保護受給者や出所者のなかでも品のいい優等生を集め、社会貢献を謳うのだ。

実際、官の首輪をはめてもらった大家たちの物件に住む入居者を見ていると、実に、整った人たちばかりだということに気づく。

検察庁のパンフレットには、「大麻に手を出しました。最愛の妻とも別れました。更生します。それまでここで頑張ります」「子どもの頃から身寄りがなく、生きるために窃盗を繰り返し……今度こそ更生します」といった実例しか載っていない。これが官が認めた〝保護すべき層〟なのだ。

エクストリーム大家業を演劇に例えるならば、ここで演じる俳優たちは入居者だ。俳優は、他人の人生を演じるという才に恵まれた人たちだ。だからたとえ大根役者でもその演技を見れば面白い。俳優それぞれに癖があり、ファンを魅了する。

俳優のなかで、稀に印象に残らない人がいる。演技にはソツがない。だが、観ていても面白くない、だから記憶に残らない。官による「更生劇場」をしっかり演じ切る俳優＝入居者はまさにこれだ。

役者の世界では素行不良で常識知らずなタレントのほうが、その演技は個性的で印象に残るものである。エクストリーム大家という劇場も同様だ。官の基準に満たない、もしくはその枠組みに収まらない人のほうが、その強烈な個性ゆえ実に面白く、お世話のし甲斐がある。

だが、あまりにも強い個性はときに忌み嫌われる。大家もまた同じだろう。

しかし世の中には必要悪という言葉もある。基準を満たせない、枠組みに収まらない者はどうなるのか。私のような在野のエクストリーム大家の元に、ますます強い個性を持つ入居者たちが集まってくるだろう。

私の本業は物書きである。

かつてある取材で元検察官の弁護士を訪ねたことがある。長年、検察官をしていたからだろう。その事務所からはどこか「官」の臭気が漂っているようだった。


「どうぞ――」


お茶が出た。お茶うけというものは最初の取材時は出なかった。

しかし、やがて何度か通ううち、この元検察官の弁護士は事務員に命じて何かを持ってこさせた。

コンペイトウだった。

「これ、好きでね」

そう言うが「よろしければどうぞ」という一語もない。もちろん取材者として会っている。そんなことを言う必要もないが、どこか険のある対応に思えた。

思えば、この元検察官も有名国立大卒。卒業と同時に難関といわれた司法試験に上位で合格。順調な検察官人生を歩んだ人である。

その経歴は、ときに高級菓子の扱いを受けるコンペイトウのようにキラキラと光る輝かしいものだった。取材者として向き合えても、あまりにも眩しく、どこか馴染めない人――そんな印象を今でも克明に覚えている。

元検察官への取材後、ふとコンペイトウが気になった。

私は東京出張の際、よく銀座・歌舞伎座でこれを土産に買って帰っていた。亡き母は、このコンペイトウを「ちょっと眩しすぎる」とよく言っていたものだ。

母が亡くなって5年が経った。最近になってようやく私自身の気持ちの整理がついたこともあり、それまで開いていなかった亡き母のカバンのひとつを開いてみた。

そこにはアートが好きで本好きの母らしくスケッチブックに新書と文庫本が一冊ずつ入っていた。

タイトルは『凶悪――ある死刑囚の告白』（「新潮45」編集部編／新潮新書）と『不思議の国のアリス』（ルイス・キャロル著／角川文庫）である。

生前、母から「佐藤優さんも書いている死刑囚に関する本あるから一度、読んでみたら。面白いわよ」と言われたことがある。恐らくこの本のことだったのだろう。

母は作家・佐藤優氏の大ファンだった。

いわゆる2002年の鈴木宗男氏の一連の事件に連座して、外交官の職を追われたその佐藤氏の手によって解説されたノンフィクションと、ペドフィリア（小児性愛）として世間から偏見の目に晒されたルイス・キャロル氏の児童文学。この組み合わせは、マイノリティや偏見に晒された人たちに理解のあった亡き母らしい。

スケッチブックには、これからも購入して客付けしたいと思っていたのだろうか。どこかのアパートが描かれていた。

そしてひとつ、カバンの底には缶入りのドロップがあった。

キラキラと輝いているけれども、少しくすんで見えるドロップ。いつの時代もコンペイトウに比べて安価で親しみやすい。くすんだ粒から光を放つドロップこそが、ライフワークとして母が取り組んだエクストリーム大家とその入居者たちを表しているように思えた。これは未来永劫、どんなに時代が進み、社会が変わっても変わらないのだろう。

著者●春川 賢太郎（はるかわ・けんたろう）

1971年、兵庫県生まれ。2010年頃に初めて物件を購入し大家デビュー。2018年、大家業を営んでいた実母の死去に伴い、複数の物件と入居者を相続し引き継ぐ。本業はライター／フリージャーナリスト。別名義で『AERA』（朝日新聞出版）、『週刊ダイヤモンド』『ダイヤモンド・オンライン』（以上、ダイヤモンド社）、『現代ビジネス』（講談社）など週刊誌やウェブメディアに寄稿。金融経済、防衛、労働問題に詳しい。著書多数。現在、文筆業の傍ら癖のある入居者相手に奮闘する日々を過ごしている。

エクストリーム大家

2023年8月1日　第1刷発行

著　者　春川 賢太郎

発行者　江　建

発行所　株式会社ライチブックス
〒141-0031 東京都品川区西五反田 2-12-15
電話 03-6427-3191
http://lychee-books.com

印刷・製本　モリモト印刷株式会社

ISBN978-4-910-52205-0